TUDI CHENGBAOQUAN TUICHU
YU CHENGXIANG RONGHE
FAZHAN XIANJIE YANJIU

土地承包权退出与城乡融合发展衔接研究

刘吉双 张 旭 等◎著

中国农业出版社
农村读物出版社
北 京

本书为国家社会科学基金重点项目 20AJL010 阶段性成果，苏北现代化研究基地、江苏沿海发展研究院和盐城数字经济研究院成果

本书作者名单

主要作者：刘吉双　张　旭

其他合作作者：张跃敏　胡书林　周　华　葛长飞
束必齐　白　洋　刘子洋

序 一

PREFACE 1

引导支持进城农户有偿退出土地承包权是新型工业化、新型城镇化和农业农村现代化发展的一个方向。农户有偿退出土地，可以增加进城生产和生活资金，降低市民化成本，加快农业转移人口市民化进程；与此同时，将退出的土地集中使用，可以促进农业适度规模经营，推进农业现代化进程，增加农村居民收入，带动城乡共同富裕。从农村改革试验区情况看，确实存在有退出农地意愿的农户。从全国调研看，也确实存在有潜在退地意愿的农民。要顺应工业化、城镇化进程中农户退地的意愿，稳步构建农业转移人口土地承包权退出机制。为此，要科学回答土地承包权有偿退出的科学内涵、主要特征、模式种类、内外部引导机制以及补偿价格测度等理论问题。这部专著探索了土地承包权退出相关理论问题，指出，新时代土地承包权退出是有偿退出，要尊重农民意愿，满足农民要求。这种退出是一种市场化退出，而不是政府强制行为，是农民根据自己需要的自觉自愿行为，政府的作用在于提供一个市场退出渠道。政府需要从经济、行政、法律和教育等方面构建多层次引导支持系统，为进城农户有偿退出土地承包权提供更好的政策法律环境。引导支持机制的构建关键在于补偿价格的测算。给予进城农户的退地补偿应该是全面充分的补偿。既要考虑生产经营补偿，也要考虑进城发展成本。收益还原法是基本测算方法，但也要结合成本逼近法。作者这些定性和定量分析为鼓励进城农户有偿退出农村土地提供了理论根据，贡献了学者智慧，在土地承包权退出研究上做出了边际贡献。希望作者围绕进城农户有偿退出农地问题持续进行研究，为农业农村现代化和新型城镇化多出科研成果。

吉林大学教授、博士生导师　衣保中

2024年2月5日

序 二

PREFACE 2

城乡融合发展是实现城乡居民共同富裕的重要途径。城乡融合发展不仅体现在人才、资金、物质、技术的城乡间流动上，还体现在土地要素城乡间双向流动上。从进城农户看，需要城镇供应新的住宅土地，以满足基本的保障房需求；短期看，进城农户可以带地进城，保障农户进城后的生产生活，但随着农业转移人口城镇社会保障体系的完善，土地的农户社会保障功能在不断弱化，长期看，进城农户有偿退出土地承包权是必经之路。通过进城农户土地的退出和城镇土地供应的衔接，可加快农业转移人口市民化进程。当然，城镇居民也有下乡的需求，良好的农业农村生态环境和有利的创业场所，对城镇居民有相当大的吸引力。其中，重要的土地资源是城镇居民创业的根本所在。使土地资源从高龄农民、文化程度低（难以满足现代农业需求）的农民以及不热爱农业的农民手中退出，集中到热爱农业、高文化水平和年轻新农人手中，会极大改造传统农业，促进农业农村现代化。因此，做好进城农户土地承包权退出和下乡新农人土地经营权进入衔接这个大文章，是促进城乡融合发展的突破口，起到牵一发动全身的关键作用。本书以江苏省盐城市为例证，深入研究了土地承包权长期退出对盐城城镇化的影响。从当前看，土地承包权退出不以永久退出为主，而是以长期退出（即退出二轮承包期）为主，这是与目前我国工业化和城镇化水平相适应的。新型城镇化的重点推进方向是县城城镇化，要加快县城农业转移人口市民化的步伐，把符合条件的农业转移人口全部纳入县城保障房范围。新的政策为县域内土地承包权长期退出提供了新的研究视角。这部专著先行探索了县城城镇化与土地承包权长期退出互动影响，为加快县城城镇化和县城农业转移人口市民化提供了理论支撑和智力支持。

东北农业大学博士生导师　马增林

2024 年 4 月 15 日

前言

FOREWORD

2024年，根据中央最新精神，要把农业转移人口市民化摆在更加突出位置，进一步扩大国内需求，用国内大市场的确定性应对国际市场的不确定性，推进中国式现代化。从国际上看，现代化中农业转移人口市民化是农民真正离开土地、彻底变为市民的过程。但中国的国情是中国式现代化是人口规模巨大，特别是农村人口规模巨大的现代化。由于中国农业转移人口众多，城市融入成本太高，中国农业转移人口不可能像发达国家那样全部离开土地进入城市。短期内，中国农业人口市民化的两条路径，一方面是少部分农民在依法自愿有偿的基础上，彻底离开土地、融入城市，另一方面是大部分农民保留土地承包权，流转土地经营权。本书主要围绕土地承包权的退出、土地经营权的退出和城乡融合发展关系进行研究。其中土地承包权的退出集中研究了如何引导好有偿退出问题，包括有偿退出的政策法律根据、学术研究前沿、模式种类、内部引导机制、外部引导机制等；集中研究了土地退出价格问题，内容涉及马克思地租理论、收益还原法、成本逼近法以及案例研究等。最后落脚在促进城乡融合发展上。土地承包权的退出要树立长期渐进的思想，随着工业化、城镇化的步伐，有序适应推进。要大力推进土地经营权的流转，加快农业转移人口市民化进程，促进乡村产业振兴。通过土地承包权退出，能够实现农村土地再配置，提高农地使用效率。通过土地经营权流转，也能实现农地配置的帕累托改进，实现“小田”变“大田”的目标。实施土地承包权退出和土地经营权退出“双轮”驱动战略，深化农村土地制度改革，将为乡村全面振兴、农业农村现代化和农业强国建设提供坚实的土地制度基础。

目 录

CONTENTS

1 土地承包权依法自愿有偿退出：历史逻辑、法律逻辑和政策逻辑

改革开放以来，农村土地家庭承包制极大地解放了中国社会生产力，解决了困扰中国千百年的温饱问题，土地制度改革为中国经济社会发展带来巨大的红利。但是制度改革也存在边际收益递减规律，特别是从 20 世纪 90 年代起，随着社会主义市场经济的兴起，伴随工业化、城镇化，农业转移人口加快了向工业领域和城镇区域转移的步伐，农民离开土地进城打工成为潮流。由于种粮经济比较效益低，农村土地开始出现粗放生产经营甚至撂荒状态。为了提高农村土地资源利用效率、增加进城农民收入、维护国家粮食安全，农村土地承包权退出在国家层面逐步得到认可，农村土地承包权退出具有历史、法律和政策逻辑。

1.1 历史逻辑

著名发展经济学家阿瑟·刘易斯认为，发展中国家历史进程中存在城乡“二元”结构。伴随工业化和城市化，受城市高工资水平吸引，在农业边际劳动产量递减驱动下，农村人口开始向城市转移，直到农民收入水平与城市工资水平趋向一致时停止。城市化率提升，有利于发挥城市的集聚效应和财富效应，能够促进经济增长、经济发展和社会文明。与此同时，将进城农户土地集中起来，开展农业适度规模经营、发展现代农业，充分发挥土地的集聚效应和财富效应，同样能为经济增长、经济发展和社会文明进步作出贡献。所以，从世界现代化历史看，不论是发达国家还是发展中国家，都需要处理好现代化进程中的人地关系问题。

1978 年以来，我国农村地区实行家庭联产承包责任制，以家庭承包土地经营为基础，实现了农村土地集体所有权与家庭承包经营权的分离。这种制度创新密切了农户与土地关系，促进了农村劳动力和农村土地资源的合理配置，调动了农民生产经营积极性，有力地提升了农业生产效率。在此期间，国家对农村土地承包经营权行使期限做出了明确规定，第一轮承包期从 1983 年起，为 15 年，第二轮承包期从 1998 年起，为 30 年。广大农户拥有了农地的占有权、使用权和收益权，1997 年首次提出颁发农村土地承包经营权证问题。“两

权分离”，农户拥有的承包经营权能不断丰富直至“颁证”，为农业转移人口退出农地提供了可行性。1984 年国务院颁布的《关于农民进入集镇落户问题的通知》指出，放宽落户政策，农户进入非农部门就业就需要退出农村土地承包经营权，将农地永久退还给集体。20 世纪 90 年代后，进入非农部门政府不再安排就业，而是给予一定的经济补偿。2001 年废除“农转非”指标，只要有稳定非农收入、固定城镇住所，都可以进入城镇生产生活。2003 年 3 月 1 日生效的《中华人民共和国农村土地承包法》第二十六条规定，承包期内，承包方全家迁入设区的市，转为非农业户口的，应当将承包的耕地和草地交回发包方。承包方不交回的，发包方可以收回承包的耕地和草地。同时该条也规定，承包期内，承包方交回承包地或者发包方依法收回承包地时，在承包地上投入而提高土地生产能力的承包方，有权获得相应的补偿。从 20 世纪 90 年代中期后，伴随工业化、城市化的加速发展以及乡镇企业发展的减缓，农业转移人口开始向城镇大规模流动。由于社会保障体系不健全，农地仍然是农业转移人口最重要的保障。于是出现了“离农不离地”“弃农不弃耕”等农地粗放性生产经营问题，部分地区甚至出现了农地撂荒的严重问题。2006 年，重庆、浙江、成都等地结合统筹城乡综合改革试验区开展农地承包经营权退出制度的创新。探索进程中，出现了农户“被上楼”“被退地”“被进城”等违背农民意愿的突出问题，农业转移人口农地权利受到侵害，农地纠纷案件数量上升，农地承包经营权退出探索基本停滞下来。

2007—2014 年，我国常住人口城镇化率与户籍人口城镇化率呈明显扩大趋势，见表 1-1。

表 1-1　2007 年以来我国常住人口、户籍人口城镇化率及其差值（%）

年份	常住人口城镇化率	户籍人口城镇化率	差值
2007	45.89	32.93	12.96
2008	46.99	33.28	13.71
2009	48.34	33.77	14.57
2010	49.95	34.17	15.78
2011	51.27	34.71	16.56
2012	52.57	35.30	17.27
2013	53.70	35.90	17.80
2014	54.77	37.10	17.67
2015	56.10	39.90	14.90
2016	57.35	41.20	16.15

（续）

年份	常住人口城镇化率	户籍人口城镇化率	差值
2017	58.52	42.35	16.17
2018	59.58	43.37	16.21
2019	60.60	44.38	16.22
2020	63.89	45.40	18.49
2021	64.72	46.70	18.02
2022	65.22	47.70	17.52

资料来源：根据《中国统计年鉴》《经济日报》等整理。

从表1-1中可以看出，2007—2014年，我国常住人口城镇化率和户籍人口城镇化率差值始终保持在10个百分点以上，最大差距达到17.80个百分点，比2007年上升了近5个百分点；2015年由于国家允许农民“带地进城”，有力促进了农民进城落户，当年常住人口城镇化率与户籍人口城镇化率差值缩小到新低——14.90个百分点。从2016年起，常住人口城镇化率和户籍人口城镇化率差值又呈现扩大趋势，一直保持在16个百分点以上，截至2020年，二者相差18.49个百分点，没有实现“十三五”期间常住人口城镇化率与户籍人口城镇化率差距比2013年降低2%的预期目标，还有所扩大。2021年户籍人口城镇化率同比增长了1.3个百分点，超过常住人口城镇化率同比增长值0.47个百分点，“十三五”以来首次缩小了两个城镇化率差距。缺乏农地有偿退出机制是导致常住人口城镇化率和户籍人口城镇化率差距居高不下的原因之一。

1.2 法律逻辑

国家法律对农业转移人口农村土地承包经营权的态度大致经历了强制退回、不得强制收回和引导支持自愿有偿退回三个重要阶段。2003年实施的《中华人民共和国农村土地承包法》第二十六条规定，承包期内，承包方全家迁入设区的市、转为非农业户口的，应当将承包的耕地交回发包方。承包方不交回的，发包方可以收回承包地。2007年10月1日实施的《中华人民共和国物权法》第三编用益物权第十一章土地承包经营权第一百二十五条规定，土地承包经营权人依法对其承包经营的耕地等享有占有、使用和收益的权利。第一百二十八条又规定，土地承包经营权人有权将土地承包经营权采取转包、互换、转让等方式流转。物权法关于土地承包经营权的规定从法律上确认了土地承包经营权的物权属性，这就改变了过去土地承包经营权是债权的属性，土地承包经营权财产权性质得到法律确认，权能残缺得以补充，这就为土地承包经营权的退出提供了法理上的可能。2018 年修改后的《中华人民共和国农村土地承包法》第二十七条对此进行了法律规定，承包期内，承包户进城落户的，引导支持其按照自愿有偿原则依法在本集体经济组织内转让土地承包经营权或者将承包地交回发包方。

法律的修改完善为各地农村土地承包权退出实践提供了法律保障。浙江省嘉兴市于 2008 年开展了农村土地“两分两换”改革，其中一换就是用土地承包经营权换股份、换保障、换租金，推进农业适度规模经营，提高农地利用效率，促进了农业集约经营，提高了农业规模化和现代化水平。2009 年江苏省无锡市出台《关于加快推进农村改革发展重点实施十大强农工程的决定》，要求开展“双置换”试点工作。其中一换是用土地承包经营权换社保。截至 2011 年 9 月底，置换承包地面积 39 979 亩，以承包地经营权换社会保障 79 195 人。通过土地换社保，大量农民变成市民，并享受与市民同等的社会保障待遇。2010 年重庆市政府结合城乡统筹改革发布了《重庆市人民政府关于统筹城乡户籍制度改革的意见》，在全国率先开展了城乡户籍制度改革，与之相配套出台了《重庆市户籍制度改革农村土地退出与利用办法》，实施了城乡户籍制度改革与农村土地退出和农地利用的联动改革。《意见》规定，实施 3 年过渡期，3 年内可以保留承包地，保留农村权益，在城镇转户的纳入城镇就业、社保、住房、教育和医疗体系。截至 2011 年 5 月，重庆市共有 50 817 户共计 1 939 793 人进城落户。

1.3 政策逻辑

党的十八大以来，全面深化农村土地制度改革。2014 年 11 月，中共中央办公厅、国务院办公厅印发《关于引导农村土地经营权有序流转发展农业适度规模经营的意见》，首次在国家层面提出了农村土地所有权、承包权、经营权分开。“三权分置”，主要目的是放活土地经营权，促进现代农业发展。但同时强化了土地承包权物权属性，农户拥有了确定的土地承包权。这是一种颁证的、长久不变的权利，在原有占有权、使用权、收益权和流转权基础上，又增加了抵押权和担保权。2023 年 12 月 30 日全国首本土地承包经营权不动产权证在湖北咸宁颁发。土地承包权利愈加丰富、独立性增强，这为土地承包权退出提供了现实根据。

2014 年，农业部及农村改革领导小组联合 13 家单位下发了《关于第二批农村改革试验区和试验任务的批复》，提出开展农村土地承包经营权退出试点任务。在四川省成都市、重庆市梁平县（现梁平区）和四川省内江市 3 个地区开展试点。四川省成都市在农地退出中起引导性作用，围绕申请、审查、评估、补偿、支付、公证、公示等重要环节，形成农业转移人口土地承包经营权退地服务机制，并对退地后农民教育、就业、户籍、医疗、住房、社保一系列问题做出相应制度安排；重庆市梁平县对承包地退出设置了严格的前置条件，整户退出的农户必须永久退出，采用“部分退出，定制用地”的退出利用模式，让有能力、有意愿的农民退出承包地给新型农业经营主体；四川省内江市补偿模式最突出的特点就是“一退三换”，“一换”即退地换现金，“二换”即退地换股份，“三换”即退地换保障，为有不同需要的退地农户提供了多种补偿方式。

2016 年扩大农村土地承包经营权退出试点范围，由 3 个地区拓展到 12 个地区。2016 年《关于完善农村土地所有权承包权经营权分置办法的意见》要求，承包地退出要自愿有偿。2016 年国务院相继出台了《全国农业现代化规划（2016—2020 年）》《关于完善农村土地所有权承包权经营权分置办法的意见》《关于实施支持农业转移人口市民化若干财政政策的通知》《关于扎实做好 2016 年农业农村经济工作的意见》《关于进一步做好农村土地承包经营权确权登记颁证有关工作的通知》等文件，均涉及土地承包经营权退出问题。如，在农村改革试验区或者有条件的地方稳妥开展农村土地承包经营权有偿退出试点；积极开展退出试点，研究退出具体办法；逐步建立进城落户农民在农村的相关权益退出机制，积极引导和支持进城落户农民依法自愿有偿转让相关权益；维护进城落户农民土地承包经营权、支持引导其依法自愿有偿转让上述权益；有条件的地方，可以充分利用确权成果，开展土地承包经营权自愿有偿退出试点；等等。

从 2015 年起到 2018 年，共有 12 个省份陆续完成了农村土地承包经营权退出试验。2015 年前，还有一些省份结合新农村建设和城乡统筹发展率先开展了农村土地承包经营权退出探索。2018 年后，也有部分地区结合工业化、园区化和新型城镇化在县域范围内经批准陆续推进了此项工作。由于农村土地准公共品性质以及农村土地在我国土地中的特殊性、重要性，在实施农村土地承包权退出进程中，政府始终发挥引导支持作用。东部地区和广大的中西部地区，特别是四川和重庆等外出务工农民较多的地方，政府制定引导和激励政策，引导支持农业转移人口退出农村土地，实现农村土地重新配置，提高了农地利用率，畅通了土地财产化渠道，让农民带着财产进城，加快了农业转移人口市民化。农村改革试验区以及各地开展农村土地承包权退出创新举措，积累了较丰富的政府引导支持制度供给经验，为进一步推进新的试点工作或者更大范围内推进土地承包权退出改革，奠定了扎实的前期实践和理论基础。2019—2021 年，出台了《中共中央　国务院关于保持土地承包关系稳定并长久不变的意见》和《中共中央　国务院关于全面推进乡村振兴加快农业农村现代化的意见》，提出要建立健全土地承包经营权依法自愿有偿转让机制，并研究制定依法自愿有偿转让的具体办法。党的二十大提出，鼓励农业转移人口自愿有偿退出农村土地权益。至此，关于农业转移人口土地承包权退出的历史，由“不允许”到“允许”再到“有偿退出”，市场化退出的趋势越来越明显，构建农业转移人口农地市场化退出机制已提上日程，政策配套体系需要及时跟进。

1.4　本章小结

农村土地是重要生产要素，只有其流动起来、实现精准配置，才能提高土地利用效率，达到土地配置帕累托境地，也才能为乡村全面振兴和农业农村现代化以及农业强国建设提供高质量土地制度保证。要赋予进城农户土地承包权退出权利，让进城农户获得更多财产收益，助力农业转移人口市民化进程；让农村居民获得更多土地，助力农民致富、城乡融合发展。在我国，土地承包权退出具有历史、法律和政策逻辑性。从历史逻辑上看，伴随新型工业化、新型城镇化和农业农村现代化的不可逆历史进程，农业转移人口进入城镇生活是一个重要趋势，进城农户须更好地处理人地关系，在补偿价格合理的情况下，部分农业转移人口确实存在想完全退出农村土地、彻底融入城镇的现实需要。国家要顺应部分农业转移人口的历史需要，稳步构建进城农户土地承包权退出机制。从法律逻辑上看，我国的法律对于进城农户土地承包权退出的态度先后经历了强制退出、不得强制退出以及有偿退出三个重要阶段，体现了法律对进城农户土地财产权益的保护。农户土地承包权在从“两权”向“三权”拓展的过程中，物权的属性越来越强，社会保障功能在弱化，财产功能在增强。法律要保护好土地承包权财产流转、转让、抵押和担保等形态。从政策逻辑上看，国家政策是鼓励进城农户有偿退出土地承包权的。早在 2006 年，城乡统筹发展的重庆试验就已经开始。2008 年，宁夏平罗县较早开展了大面积农地退出工作。2014 年，国家层面正式开始了土地承包权退出农村改革试验，2016 年扩大了试点范围，由 3 个增加到 12 个。到 2018 年土地承包权退出改革试验任务基本完成，取得了成就、积累了经验，为进一步试验和在全国更广范围内赋予进城农户土地承包权退出权利奠定了政策基础。

2 土地承包权退出研究述评：长久不变视域

党的十九大报告中指出，第二轮农村土地承包期结束后再延长 30 年。2019 年 1 月 1 日实施的修改后的农村土地承包法对此从法律上予以了明确。在第三轮承包期实施期间，大多数农民具备了离开农村的时机，也具有了进城落户的能力。2019 年 11 月 26 日，《中共中央　国务院关于保持土地承包关系稳定并长久不变的意见》第四条第四款规定，“建立健全土地承包权依法自愿有偿转让机制。对承包农户进城落户的，引导支持其按照自愿有偿原则依法在本集体经济组织内转让土地承包权或将承包地退还集体经济组织”。因此，在土地承包关系稳定并长久不变的新形势下，要科学构建进城农户土地承包权退出引导支持机制，做好包括进城农民退地权益保障、退地补偿价格测度以及城镇化福利效应吸引在内的嵌入式制度的全面创新与设计，为农业农村现代化和城镇化高质量发展提供制度供给。

2.1 国外文献

在国外，分析农村土地交易对农村劳动力迁移、农业专业化和经济社会发展影响的文献较多。

经济学说史上最早揭示人口流动原因的经济学家是威廉·配第（1623—1687 年）。古典经济学创始者之一威廉·配第发现，由于存在比较利益差异，劳动者会从农业部门流向工业部门或者商业部门，但威廉·配第并没有揭示这种比较利益现象背后隐含的深刻的生产与社会关系。马克思（1818—1883 年）系统论述了生产方式变迁对社会关系变迁的影响。“社会关系和生产力密切相联系，随着新生产力的获得，人们改变自己的生产方式，随着生产方式即谋生方式的改变，人们也就会改变自己的一切社会关系。”马克思主义政治经济学还对土地价格理论做了深入探讨。认为土地价值具有二元性，土地价格因此也具有二元性。农村土地价格的二元性包括生产力价格和无形价格（如生态价格和社会价格）两种价格。马克思主义农村土地价格二元论对于我们建立科学合理的土地承包权退出价格补偿制度具有重要的理论价值。1954 年刘易斯在

《无限劳动供给下的经济发展》这篇博士论文中构建了发展中国家二元经济发展结构下人口迁移模型。从工业化角度揭示了农村劳动力迁移的动力机制，“高工资”是农业人口迁移的直接经济动因，但他过度强调了工业化问题，忽略了农业的发展。1961年经济学家拉尼斯和费景汉对刘易斯模型进行了改造。拉尼斯和费景汉纠正了刘易斯过度强调工业部门增长的问题，开始关注发展中国家城市化进程中工农业协调发展问题。20世纪六七十年代，是西方发达国家农业农村现代化关键时期，政府和学者因此加强了农地退出的实践探索和理论研究。1960年法国《农业指导法》规定，政府对经营农业或者扩大农场规模的青年农民实行财政补贴和优惠贷款政策，并且，65岁以上老年农民放弃土地经营或者自愿让出土地的可获得离农终身补贴。在美国，《美国联邦宪法》《土地法令》《宅地法》以及《联邦土地政策和管理法》为农村土地转让、流转和农民权益提供了法律保障。1970年日本《农地法》第二次修改，这次修改改变了对农村土地买卖和租赁的严格控制，转向鼓励农村土地租赁和流动。21世纪初，发达国家学者更加关注农村土地弃耕地问题，扩大农业经营主体范围、实行租赁制以及政府介入等应对对策成为理论研究热点。如20世纪90年代末期，日本青年农民加速流向城市，农村人口退出土地、放弃耕地的现象越来越多。2000年日本弃耕地为34.3万公顷，而2010年增加到40万公顷，增加幅度为17%，其中54%的耕地位于山区。2009年日本《农地法》再次修改后规定，只要具有使用机械和劳动力条件的法人或者个人，经过批准都可以获得农村土地使用权，减少了土地撂荒面积。部分发达国家学者认为租赁是私有制下变更土地使用权、实现土地开发利用最常见的方式，是私有制下土地资源配置最有效、最普通的方式。在农村土地退出进程中，政府干预有利于弥补市场的缺陷，Joshua等认为政府土地登记、评估和金融服务水平影响农地交易。而Gorton认为，单纯的政府干预会导致补偿效率降低。近十年来，国外学者更加密切地关注农村人口向城市迁移给城市化发展带来的影响。Trent Brown、Ruchira Ganguly - Scrase（2016）的研究结果表明，土地问题是造成城乡紧张局势的主要根源。Joel Jay Kassiola（2017）认为人口迁移需要社会空间重组，解决城市、城市周边和农村地区的重组规划问题。Jingjing Yuan、Yonglong Lu（2018）指出，要促进城市的可持续发展，就需要在国家级别考虑农村土地改革和农村—城市移徙若干战略。

2.2 国内文献

国内学界关于进城农户退出农地权利研究的文献日渐增多，主要包括以下两个方面。

2.2.1　合理制定补偿价格标准

（1）农地承包权物权化是农民退地享有补偿权利的前提条件

林毅夫教授是我国最早研究农户退出权的学者。1990年他在《集体化与中国1959—1961的农业危机》中对1959—1961年中国农业发生的危机提出了退出权假说：正是公社组织对社员退出权的取消导致了农业危机。由于农地承包权有债权说、用益物权说等多种理解，因此学界对农村土地承包经营权退出的概念界定并不明确、农村土地承包经营权流转和转让之间的边界划分不清楚。王建友（2011）、罗必良（2012）、陈明鹤（2013）等将土地承包经营权退出划分为承包权退出和经营权退出，均认为土地承包经营权流转，就是农民在一定程度上行使退出权。截至2014年，我国有2亿多的农村剩余劳动力向城镇转移（邹宝玲，2014）。随着农村剩余劳动力向城镇转移深入推进，承包经营权退出成为农村土地承包经营权研究的重要内容。黄贻芳、钟涨宝（2014）指出农地承包经营权退出至少包括两方面内容：第一，从职业来看，农民从农业生产领域退出进入非农生产领域；第二，从身份来看，农民转变为市（镇）民。余玉（2016）则认为农村土地承包经营权退出核心是退地农民完全退出农村土地承包，不再享有承包方的权利，也不再承担义务。整户土地退出，数量较少，但意义重大。我国农民城镇化存在农民“离乡不离土”，或“离土不离权”的“半城镇化”问题。要推进国家现代化，必须提高真正意义上的城镇化水平。上海市农委课题组（2017）基于上海试点实践认为，不完全退出是土地承包经营权退出的初级阶段，而真正意义上的土地承包经营权退出，其实质为完全退出，未来试点实践应放在完全退出上，实现离乡离土，让农民真正进入城市、融入城市。

（2）农地退出补偿金额标准评估是形成补偿机制的核心要素

滕亚为（2011）和罗必良（2012）等学者都认为，要加大对退地农民的补偿力度，提升对退出土地承包经营权农户的补贴水平。随着2014年“三权分置”的正式提出，农村土地承包经营权价格评估问题被提上日程。黄花（2014），谢根成、蒋院强（2015），邢冬静（2015）等学者认为制定退地补偿标准时，应当考虑土地作为稀缺资源的增值预期以及人民币贬值预期两个因素。农地退出补偿价格评估一定要考虑市场价格因素。韦留柱、扬盼盼（2015）认为要使农民自觉退出土地，政府不能采取强制的方法，而应当加强政策引导，积极创造条件，以市场来确定土地转让的价格形成机制，使农民退地后自身利益不受损、生活有保障。韩立达、韩冬（2016）从土地自然属性角度确立土地承包经营权价格测度指标，包括土地区位、地块属性、地力等级、年限等，体现了圈层、区位等差异化特征。金励（2017）调研全国1 260个村，发现退地补偿标准按时间计算的，主要有剩余年限模式和固定年限模式。实践中，宁夏平罗的补偿标准是参照征地标准，结合近三年土地流转平均价格，再考虑土地区位质量等因素；重庆梁平依据当地经济发展水平，结合第二轮承包剩余年限，适当考虑“长久不变”因素确定差异补偿价格。张力、杨绎（2018）认为，参考同类土地的平均流转收益标准是更为科学的标准确定方法，对农民自愿退出土地的补偿大体上可以在此基础上形成。

（3）农地社会化服务机制构建是实现充分、整体补偿的保证

退地农民要获得金额合情合理的承包地补偿，退地的事前、事中和事后服务要跟上，通过程序的规范性和科学性来保障进城农户农地权益不受损。退地方案事前要精心谋划。汪晓春、李江风、王振伟、张志（2016）和余澳（2018）都指出，有必要对进城农民土地退出补偿机制进行早设计，为未来发展提供政策储备。退地事中服务要体现市场化特点。针对服务土地流转的咨询机构和仲裁机构规范性不足，二、三级土地流转市场缺失问题，张立平（2018）主张建立流转的市场机制，扶持中介服务机构，便利信息沟通，降低交易成本。做好土地流转信息数据库和交易市场建设、法律咨询以及合同鉴定、备案等工作。富新梅（2018）也对市场化服务相关工作做了较详尽的描述，主要包括第三方专业评估工作，资格要件审查工作，土地管理部门、土地交易部门与规划部门登记备案工作等。童彬（2017）区分了政府和市场在社会化服务方面的边界：政府作用体现在公益性土地收储、土地用途管理和产权变更备案方面；市场化服务体现在中介服务、第三方评估机构构建上。退地用途事后监管要跟上。白现军（2013）在调研的基础上指出，要明确农地承包权退出过程中的监管责任。要防止撂荒和擅自变更所退农地用途的行为出现。土地、农业、财政、审计、监察、司法等部门在农地承包权退出监管中既要分工明确、又要互相配合。

2.2.2 加快形成城镇化引导机制

目前对由政府构建的进城农户承接机制的研究日趋丰富。张东（2017）认为，政府只有在城镇中建立承接机制，才能真正使农民走向城市、在城市中“沉淀”下来，而免于落入“城市化”陷阱，要统筹离农农户向大中小城市均衡转移机制。具体的承接机制有：

退地农民社会保障机制。要激励进城农户退出农村土地，政府就需要建立教育、医疗、养老、住房等社会保障机制，关键是要打破城乡二元结构，将进城农民纳入城镇居民社会保障体系（钟涨宝、聂建亮，2012）。王丽双、王春平（2015）也认为，要按照城乡一体化发展要求，给予进城农民与城镇居民同等的社会保障和公共服务待遇。要重点关注新生代农民工和农村生源大学生退

地社会保障问题。由于社保不健全等影响，新生代农民工市民化能力低，降低了他们的市民化意愿（李伟、刘勤，2016）。丁玲、钟涨宝（2015）在对武汉部属高校开展的222份问卷调查中，74.5%的农村生源大学生不愿意退出土地。为此，对于新生代农民工和农村生源大学生，必须解决住房补助问题，妥善解决就业补助、教育补助问题（付彩云，2018）。可以利用农村土地仅剩养老和失业保障功能这一点，用城乡统一的社会全员保险替代农村土地的保障功能。浙江嘉兴的城乡统筹发展改革试点"以土地换社保"，成为我国土地承包经营退出的典型试点；成都温江"双放弃"和重庆"土地换户口"的探索都具有用农村土地换取城市社保的特征。

退地农民就业扶持机制。到目前为止，系统性推进退地农民就业的政策还有待完善，需要出台专门针对退地农民的就业培训和创业指导政策。方志权、张晨、张莉侠、楼建丽（2017），楚德江、韩雪（2016）等学者认为，要继续提高非农就业水平，农民只有拥有稳定的工作和社会保障才能放弃土地，要帮助农民提高非农就业能力，构建退地农民就业培训平台，提升其融入城市能力。在发展城市经济中，罗元青（2019）等认为，技术进步是产业吸引农业转移人口的直接动因。要鼓励中小企业技术创新扩大就业容量，为服务业发展创造基础条件，提高城市产业对农业转移人口的拉力。

退地农民城市户籍进入机制。农民退出农村土地，意味着失去农村户籍，必须有城市户籍承接。胡存智（2009）认为，要充分利用城乡建设用地增减挂钩的政策，鼓励有条件的农民进入城市生活，退出土地承包经营权，充分享受市民的社保。著名空间经济学家安虎森（2013）强调，可以"在农村设计好人口退出制度，在城市设计好人口进入制度，二者之间还要设计一种农村人口向城市集中的激励制度，三种制度相互结合可以构成城乡之间的衔接制度"。唐景明（2013）也持有同样观点，主张靠制度来吸引农民离农，让农民自主选择是否离农。2019年12月25日，中共中央办公厅、国务院办公厅印发了《关于促进劳动力和人才社会性流动体制机制改革的意见》，全面取消城区常住人口300万以下的城市的落户限制，全面放宽城区常住人口300万至500万的大城市的落户条件，完善城区常住人口500万以上的超大特大城市的积分落户政策。这是迄今对于农业转移人口落户的最新优惠政策，必将推动进城农户有偿退出农村土地承包权进程。

2.3　研究展望

2019年11月26日《中共中央　国务院关于保持土地承包关系稳定并长久不变的意见》宣示了农村土地承包关系稳定并长久不变。关于农村土地承包权长久不变视域下进城农户土地承包权退出的研究将成为新的理论热点。其中，就建立健全土地承包权退出的引导支持机制的研究，有可能在以下三个方面展开。

2.3.1 “长久不变”对进城农户退出土地承包权补偿价格测度的影响

2019年11月26日《中共中央　国务院关于保持土地承包关系稳定并长久不变的意见》对“长久不变”做出重大宣示，进一步强化了农地对农民的物权属性。杜文骄、任大鹏认为，从地权对农业生产的影响来看，不同农地承包权模式对农地利用效率的影响存在差别，稳定农户与集体的土地承包关系意义重大。土地承包关系稳定并长久不变为科学合理测度进城农户退出土地承包权补偿价格、给农民以充分整体的补偿、引导农业转移人口退出土地承包权提供了新的重要政策和法律根据，也为学者研究此类问题提供了新的研究视野。未来，若要继续推动农村土地承包权退出，必须给予退出农户相应的补偿。做好土地承包权退出的政策设计、强化监管、重视农民意愿和经济利益、给予公平合理的经济补偿，才能激发农户退出的积极性。

2.3.2 对长久不变视域下进城农户土地承包权相关引导支持理论的思考

推动土地承包权退出是农业发展的一个方向，政府希望部分不再从事农业生产的农户主动退出土地承包权，实现人的彻底城市化，解决“离土不离乡”的怪象。以补偿时间延长和补偿标准提高为切入点，对补偿主体、补偿资金来源渠道、补偿方式、农村土地承包经营权退出市场构建以及补偿资金使用后续监管等政府和社会引导服务理论进行重新思考。土地承包关系稳定并长久不变，会显著提高农户退地补偿标准、助力农民市民化。要紧密围绕可能出现的问题，加大政府和社会引导力度，通过由中央和地方政府共同资助，鼓励和引导已经城市化的农民有序退出土地承包权，由中央和地方政府共同补助，建立农民退休制度等措施，加快构建引导支持进城农户退出土地承包权的体制机制，为深化新时代农村土地改革、促进农民城镇化做好理论和政策衔接储备。

2.3.3 关于长久不变视域下城镇化发展引力机制与土地承包权退出支持机制有效对接问题的研究

据联合国统计，“2014—2050年，世界城市人口将增加25亿，包括来自中国的2.92亿人”。但由于存在“化地不化人”问题，“农民工虽然常住城市，却不能享有与城市居民同等的教育、医疗等机会权利，难以取得城市住房、养老等资源，更无法接来家人定居，大部分最终只能重返农村”。2022年，城镇常住人口率为65.22%，户籍人口城镇化率不到48%，意味着有2亿多农民工并没有真正变为市民。因此需要稳固城镇保障功能、增强城镇吸引力，加快农业转移人口市民化进程。在农村土地承包关系稳定并长久不变视域下，要构建城镇化发展引力机制与土地承包权退出支持机制联动效应实施路线图，明确2028年、2035年和2058年联动机制构建的目标、重点、政策扶持领域，有步骤、分阶段地做好长久不变视域下土地承包权退出引导支持机制，为农业农村现代化和城镇化高质量发展提供新制度供给。

2.4 本章小结

进城农户土地处理问题是一个世界性的问题。发达国家和发展中国家在现代化进程中都面临进城农民与土地关系的处理问题。处理好的国家，实现了工业化、城市化和农业农村现代化的良性互动，整体迈入发达国家行列；处理不好的国家，往往出现工业、城市发达，而农业和农村凋落，长期处于发展中状态。国外学者研究的重点是，如何促进进城农户和高龄农民退出农村土地，如何通过激励手段，让小规模经营发展为中等规模经营和大规模经营，在城乡融合发展中重新布局土地功能区，从国家发展战略上谋划国土的最优配置和空间布局；国内研究集中在退出权赋予的合理性、补偿价格的制定、补偿模式的多样性、服务机制的完善性以及城乡土地流动的衔接性等方面。随着2014年国家对土地承包权退出在政策上的肯定，国内学者研究进城农户土地承包权退出问题日益活跃，取得了较多研究成就，形成了较好的研究成果。但同时要看到，国内学者的研究往往集中在第二轮承包期。党的十九大明确第二轮承包期结束后再延长30年，而且制定了长久不变的意见。第三轮承包期以及土地承包长久不变对进城农户土地承包权退出会产生重要的影响，在退出补偿金额诉求、补偿方式以及退后土地利用上都会出现新情况和新问题。为此，基于第三轮承包期和长久不变的视角研究进城农户土地承包权退出问题就有了新的意义。

3 土地承包权退出模式种类及基本经验：来自试验区的观察

建立健全农村土地承包权的有偿退出机制，破解农村土地细碎化的问题，才能较好实现农村土地的规模化经营，实现农业农村现代化。我国在宁夏平罗、重庆梁平和四川内江等多个试点地区进行了土地承包权退出改革试验。总结试点地区的改革模式，对于研究当前农村土地承包权退出发展现状、分析可借鉴的经验教训、探索今后农村土地经营权退出引导制度改革发展方向，具有重要意义。

3.1 退出模式种类

3.1.1 与生态移民相结合的宁夏平罗“三权同退，永久退出”模式

宁夏平罗的“三权同退，永久退出”模式与生态“插花移民”工程相结合，由政府主导，自上而下地通过一系列改革先行先试，促进了农村资源向资本转变，激发了农业发展活力，成功实现了“四下降两提高”，为全区乃至全国农村改革探索出了“平罗经验”。平罗县位于宁夏回族自治区北部，是农村土地改革政策实施的先锋。在2011年，平罗县被中央农村工作领导小组办公室和农业部列为农村土地经营管理制度主要改革试验区。2015年，平罗县正式启动土地经营管理制度改革的试点任务。作为首批改革试验区，平罗县具有突出的基础优势，主要体现在三个方面：首先，农村土地和房屋确权完善，为土地承包权退出的试点工作扫清权属纠葛障碍；其次，生态移民工程要求农村人口转移，并且提供人均12万元的移民补偿资金，可以为土地承包经营权提供政策便利；最后，由于青壮年劳动力外出务工的情况显著，农地闲置成为普遍现象，因此，土地流转为当地农民处置闲置农地的主要方式，农民对土地流转有基础的认知和认可，也在一定程度上为之后的土地承包权退出开辟了道路。为了有效避免争端与防范潜在风险，平罗县严格规范了五项退出条件：一是农户需要手持房屋所有权证以及宅基地使用权证，才能够获取自愿退地的资格；二是农户申请自愿退地时，必须满足已有城镇固定居住地、稳定的工作以

及非农业收入三个条件；三是要满足农户的基本养老需求，即老年农户在退出后，必须要参加失地农民养老保险或者职工养老保险；四是在具体退地程序中，必须要严格按照“一事一议”程序规定来执行；五是农户选择永久退出全部产权的同时，将自动放弃村集体经济组织成员的身份。

首先，以严格的退出条件为前提，平罗县的引导退出机制具有彻底性、永久性、补偿形式多样、政府主导资金支持以及与生态“插花移民”工程相结合这几大特点。“三权同退，永久退出”是宁夏平罗县土地承包权的退出形式，要求农户同时退出土地承包权、宅基地使用权和集体收益分配权，同时农业户口转为非农业户口，并且永久性退出，即农民一旦放弃土地承包权，之后不再有无偿获得承包地的机会。并且，从退出程度的角度说，平罗县试点的是永久、彻底、完全退出，即农户彻底丧失农村集体经济组织成员身份以及永久放弃土地承包经营权。其次，“平罗经验”适当丰富了退地补偿的形式。平罗县的退地补偿标准的确定采用的是政府参考价与中介价值评估相结合的方式，按照当年承包地收储价格（包括5%的价格溢价）×第二轮土地承包期剩余年限÷公顷数计算，并且为每户移民提供12万元安置资金，同时，针对老年人等特殊人群，提出社会保障等其他方式的补偿，而社会保障包括医疗、养老保险以及住房保障，积极探索“以地养老”的特色机制。再次，政府主导资金支持，设立土地收储基金，农村土地退回也是集中到收储中心，之后在条件成熟的情况下，集体经济组织可以申请预借收储基金，并且通过适当的形式对土地进行回购。最后，因地制宜，与“插花移民”工程相结合。在试点过程中，平罗县将集体经营性建设用地入市与产业扶贫相结合，就地入市生态移民区的79.86亩闲置集体建设用地，发展劳动密集型的服装加工企业。优化产业布局，为移民群众提供就业渠道，实现了产业精准扶贫、改革有效推进、群众获得实惠的多赢效果。

3.1.2 “自上而下，协商退出”的重庆梁平模式

重庆梁平在探索农村土地承包权退出试点工作中将退地进城农户的隐性需求和农业农村转型的需要相协调，使用“多方联动，退用结合”这种灵活的土地承包权退出方式，坚持农户自愿的原则，引导农户“自上而下，协商退出”。梁平县（现梁平区）位于重庆市东北部，是中央农村工作领导小组办公室农村改革试点区。全县承包土地98.12万亩，农民72万，其中包括常年外出人口32.4万，务农农民平均年龄58.7岁，农村大量年轻劳动力转移至城市导致人地长期分离，耕地资源利用率低，农村土地承包仍以家庭承包经营为主，难以发展适度规模经营，农民土地财产权益难以有稳定保障。依据梁平县的农业农村发展现状，引导农村土地承包权退出是有利于梁平县发展的前进方向，因此，梁平县在2015年制定出台了《农村土地承包经营权退出试点实施办法

（实行）》，选定屏锦镇万年村、礼让镇川西村作为封闭试点，坚持“为进而退，以退促进”的原则，稳步开展土地承包权退出试验。梁平县对土地有偿退出条件有明确的规定，严格执行退地程序，有法定退出和自愿退出两种模式。家庭主要劳动力必须参加城镇职工养老保险，老年的家庭成员要参与合作医疗保险以及养老保险。土地有偿退出形式主要分为两种：一种是农户永久放弃土地承包权，在农户自愿放弃土地后，集体收回后转承包；另一种是在土地承包期内退出，即在农户承包期内土地经营权被“买断”。

（1）“整体退出，集中使用”模式

该模式规定农户必须放弃全部的土地承包权，即彻底退地，且退地时必须以户为单位。退地农户在收取退地补偿资金后，将彻底放弃土地承包权，之后集体经济组织再通过“小并大、零并整”或者“确权确股不确地”的方式，将农户退出后的承包地统一整合治理后，集中对外租赁或者重新发包。整户农民迁移并同时退出土地，这种退地方式能够配合城镇化的发展需求，是川西村农户退出承包地的主要方式。既可以推进农村土地合理化使用，又为城镇化发展提供了制度支持。

（2）“部分退出，进退联动”模式

该模式一般不是农户主动自愿申请退地，而是先由承包方对于某块确定的土地展现出承包意向，再与该块土地所属集体经济组织取得联系，进而与该土地权益所有农户进行交流，最后三方通过商讨协定退地的补偿标准，以及后续的利益分配等。待新型农业经营主体支付租金之后，方可在合同期限之内取得该块承包地的经营权。和川西村农民承包地退出的主要模式不同，该模式中的经营权交易是经营主体和土地所有者直接签署协议，其中没有承包户的参与，并且存在承包经营权一体化转让的现象。

梁平县统筹当地地类、经济以及区位差异，兼顾国家、集体以及个人三方的利益，适当考虑“长久不变”因素，对承包地的退出补偿标准做出了以下规定；一是民主协商，即集体经济组织和自愿退出土地的农民进行协商共同讨论决定；二是需要根据地类、区位差异，并且综合考虑当地的年均农地流转价格与本轮承包期（2027 年止）剩余年限；三是补偿标准要具有合理性、合法性以及可操作性，并且在原则上将价格控制在国家征地补偿标准之内。在具体实践中，万年、川西等试点村以每亩承包地 1.4 万元为退出补偿价格。万年村为了提升农户退地积极性，对退地农户进行每亩 2 000 元的额外奖励。梁平县的退地模式没有考虑退地之后农户的社会保障问题。在资金来源方面，包括集体经济组织自筹、承接业主付租、金融机构担保融资、乡镇借支以及县级补助等。而由于试点村集体经济较为薄弱，承接方难以一次性结转支付合同期间全部流转费用，2016 年，梁平县推出《农村土地承包经营权退出周转金管理办法（试行）》，提供了160万元用于退地试点的资金周转，以川西村为例，该地“赎回”农户的承包地，就是使用了地方政府垫付的周转资金。该办法规定，当集体经济组织不能担负一次性结转支付合同期间全部流转费用时，可先由地方政府周转资金垫付，在集体经济组织获得发包或者退地出租收益时，再偿还由地方政府垫付的周转资金。

3.1.3 换保障、换现金、换股份的四川内江“三换”模式

四川内江的退地模式具有明显的自主性、规范性与秩序性，实行换保障、换现金、换股份的“三换”模式，采取永久退地与长期退地两种形式，鼓励农户自愿有偿退出土地，进一步实现规模化经营，从而解决农村人地矛盾突出、土地碎片化凸显以及撂荒现象严重问题。内江市位于四川盆地东南部，地处成都、重庆两座特大城市中间位置。在新型工业化、新型城镇化、农业现代化纵深推进的发展格局下，内江市市中区面临以下困境：一是农村人地矛盾突出。在“增人不增地、减人不减地”和惠农政策不断加大力度的双重刺激下，内江市市中区农民争地要地愿望强烈，人地矛盾异常突出。二是土地零散化、细碎化严重，制约了农业规模化经营。三是土地撂荒现象严重。内江市市中区农村劳动力常年在外务工人员较多，村民增收乏力。据统计，市中区农村外出务工劳动力常年保持在10万人以上，超过市中区农村劳动力总量的一半，妇女、老人甚至儿童等留守人员逐渐成为农业生产的主要力量，劳动力的严重短缺导致农业生产粗放化经营甚至直接撂荒，调查显示市中区部分村的土地撂荒率最高达到50%。为促进现代农业和新型城镇化的良性发展，迫切需要创新土地制度，正是在如此严峻的现实背景下，内江市市中区龙门镇龙门村于2015年开始了农村土地承包权退出的改革试点。

龙门村的土地退出改革具有明显的自主性、规范性与秩序性。内江模式最突出的特点就是“一退三保”，即退地不退社，采用“三换”模式中任何一种模式，在农民将土地承包权自愿有偿退还给农村集体后，都仍保留其宅基地使用权、集体资产收益分配权以及选举权。为了做好土地承包权退出风险的事前预防，内江市建立了相对比较严格的退出资格审查机制，通过设立退出前置条件并且进行多重审核将退地人群圈定在一定范围内，在一定程度上控制了退地的风险。在退出形式上，有永久退出，即土地承包权单项权利的全部彻底退出，以及长期退出（二轮土地承包期退出），即农户在合同期限内放弃土地承包权。

（1）“一换”退地换现金

该种方式适用于彻底不以土地为生，而且不从事农业经营，并且已经拥有稳定城镇住所和养老保险、在城镇稳定就业的农户。该方式有两种退地类型：

一是永久退出，一次性完成补偿，补偿标准按照当地土地流转价格的两倍、30年期计算；二是长期退出，一次性补偿，主要针对不愿意永久退出土地的农民，补偿标准按照两倍目前土地流转价格乘以二轮土地承包剩余年限计算。补偿款暂由区财政借支给村集体。

（2）“两换”退地换股份

该种模式适用于拥有稳定收入来源和固定住房的农户，土地承包权从农户手上退还给村集体后，村集体再通过土地流转的市场价格乘以退出年限计算补偿标准，并且要折算集体经济组织中的股份。合作社采用每年“保底＋分红”的利益分配模式，保底分红来自入社土地的租金收入，二次分红来自合作社经营的部分收入。由承接方支付补偿款。退地换股份的农民除了保留宅基地使用权、集体资产收益分配权以及选举权外，还拥有征地拆迁收益权和经营失败后的土地再承包权。

（3）“三换”退地换保障

该种模式适用于农村建档立卡的贫困户、低保户或者60岁以上的农户。脱贫攻坚期，市中区将退出改革与精准扶贫联动，制定出台“建档立卡贫困人员退地养老保障”和“退地换保困难救助保障”，为符合条件的农户建档立卡，并且引导这些农户永久退出承包地，加入区政府建立的退地养老保险。该种退地补偿包含两个部分，由承接方支付补偿款。一是养老保障。针对年满60周岁的贫困人口，在原有的每月75元基础养老金之上，按照每月150元的标准发放土地养老金；没有达到60岁的贫困人口按照每月100元的标准发放救助金。二是土地补偿。退地农户可以0.8亩换一份养老保险，另加2万元的退地补偿；换取养老保险之后如果农户仍有剩余的承包土地，农村集体按每亩2.81万元的标准一次性结清现金补偿。该模式使得丧失劳动能力的农户通过退地换取了一定的生活保障，与精准扶贫政策相联合，提升了退地农户的生活保障水平，而退地之后的土地资源被重新激活，通过自营、出租等方式实现农业经营。

3.1.4 “两分两换”的浙江嘉兴模式

浙江嘉兴为解决农户“非农化”和“离地化”现象严重的问题，实行“两分两换”模式，坚持“三不变”原则，开辟了中国农村宅基地入市的先河，使得农村的生产规模开始发生骤变，对于推动嘉兴市城镇化发展发挥了重要作用。由于嘉兴市农村耕地资源稀少，农业生产难以形成规模效益，无法维持农户生计，并且农户非农技能掌握较好，对于进入城镇工作的偏好度高，经济收益较高，随着时间的推移，在城镇拥有稳定工作的离农农户开始逐渐与农村疏远，“非农化”与“离地化”现象较为明显，推动土地承包权退出工作其势已成。2008 年，嘉兴市被选定为浙江省三大升级综合配套改革试点区之一，嘉兴市政府通过了《嘉兴市开展统筹城乡综合配套改革试点的实施意见》和《关于开展节约集约用地试点加快农村新社区建设的若干意见》，以增加农民财产性收入为出发点，以推动城乡一体化为目的，嘉兴市开始了“两分两换”试点工作。“嘉兴模式”被认为是开辟了中国农村宅基地入市先河的退地模式，具有以下三大特点：一是使得农村的生产模式发生巨大转变；二是使农民的财产性收入增加；三是推动农民真正成为城镇居民。

“两分两换”模式，“两分”指的是在退地过程中，将宅基地使用权和土地承包权分开，分别进行搬迁以及流转，即将农民的搬迁安置与耕地的流转分开处理；“两换”指的是在这一过程中以宅基地置换城镇房产，用土地承包权置换社会保障，即农民把原有的宅基地退回村集体组织，用于土地复垦整理，从而换取在集中安置区的新住房，把原有的土地承包权退回集体组织，集体组织再进行流转，将流转的收益分配给农民作为社会保障，在土地置换以后，土地的用途以及其所有权性质并未发生转变。“两分两换”模式，一方面可以通过宅基地的置换和土地流转，实现对撂地、空地的有效利用，通过有偿使用等方式，将其变更为农业、工业或者其他用途的建设用地，实现规模经营，获取规模效益，另一方面，可以促使落户城镇的农户，从根本上融入城镇。

实施“两分两换”工作的主要目的，是推动城乡一体化进程，使得农民流向城镇，从而推动土地流转工作的进程，实现农业规模效益，发展现代农业。“嘉兴模式”坚持自愿、有偿与“三不变”原则。自愿，即要在农民自愿的基础上开展土地承包权流转工作，不得强迫或阻碍农民参与土地流转；有偿，即土地流转所获得的收益应该归农户所有，土地收益既包括承包土地直接经营获取的收益，也包括土地流转获得的收益；“三不变”，指的是农用地量与质不发生改变，土地的集体所有权不发生改变，土地用于农业的用途不发生改变。在社会保障方面，嘉兴采用两种方式：一种适用于土地经营权退出的农户，即农户将土地经营权流转给农村集体，然后由农村集体统一流转给有经营需求的规模经营主体，而将土地经营权让渡的农户可以得到相应的土地租金。有学者根据实地调研发现，农户将土地流转给农村集体可以收租每亩每年 1 500 元，而农户自行流转土地可以收租每亩每年 1 300 元。另外，将土地流转给农村集体且流转期限在 10 年以上的农户，可以根据浙江省城乡居民社会养老保险中城镇居民的待遇以及缴费标准来置换保障。另一种适用于土地承包权永久退出的农户，对于该种退地农户，依据征地农户补偿办法，嘉兴市会在社会保障方面进行相应的经济补助，而对于已经进入城市稳定就业且缴纳城镇职工养老保险但并未放弃承包权的农户，嘉兴市按照置换社会保障的补偿标准，给予其一次性货币补偿来换取土地承包权。退地补偿资金主要来源于农村集体、经营主体以及国资公司等第三方平台。

3.1.5 与户籍改革配套实施的四川成都“双放弃”模式

四川成都的“双放弃”模式，与户籍制度相配套，与“安居工程”和“乐业工程”齐头并进，鼓励农户用宅基地换取住房，用土地承包权换取最低生活保障，从而实现集约化经营，进而实现规模化经营、获取规模效益。温江区位于四川省成都市西部，总面积277平方公里，河网密布，适合农业耕作。在成都市实施的城乡统筹科学发展总体战略中，成为成都市首批城乡一体化试点区县，走在成都市各区县最前列。2006年，成都市通过了《关于放弃宅基地使用权和土地承包经营权农民参加社会保险实施细则（试行）》，温江区开始施行“双放弃”的置换模式。“双放弃”模式主要面向这种农户：一是满足主要收入来源于非农产业，二是自愿放弃土地承包权和宅基地使用权，经审批同意后进入城镇自主购房或者按照政府规划要求在全区范围内购房并进入集中居住区居住的农户，同时享受城镇社会保险，以及其他区财政社保补贴。

温江地区的“双放弃”流转模式，是按照“大集中、大统筹”思路，对于放弃土地承包经营权和宅基地使用权的农户，提供城镇低保以及住房保障，就是利用宅基地换取住房，利用土地承包经营权换取最低生活保障。“双放弃”模式坚持自愿退地的原则，主要是面向在市郊居住区的农民，参照征地拆迁安置政策进行补偿。在社会保障方面，退地农民可以享受与城镇居民待遇相同的社会保险，包括医疗保险。为了持续推动“双放弃”工作进程，温江实施一系列配套措施：一是实施了“安居工程”，退地农民在购买指定住房时可以获取一定的价格优惠，并且享受区财政的社保补贴，以及配套的公共服务，使得退地农民有地可住；二是实施了“乐业工程”，为退地农民安排城镇居民户口，并且解决其子女在义务教育阶段的入学问题，使得搬迁离地的农民住得稳。符合低保条件的，可享受与城镇居民相同待遇的低保。

在坚持农户自愿搬迁的原则的基础上，制定了两个退地限制条件：首先农户的年人均纯收入要达到5 000元以上，而且为了确保农户在置换之后能够负担起城镇社保缴费、其家庭经济来源受“双放弃”影响较小，纯收入中农业占比最多只能有20%；二是要优先考虑特定区域范围内居住的农户，规划特定区域，目的是集约化经营、实现规模效益，所以优先发展整体成片的集中区域，从而避免置换的土地太过分散。在退出形式上，“双放弃”模式采取永久退出，同时放弃土地承包权和宅基地使用权的形式。在实施过程中，主要是先由区财政投入启动资金，再进行前期规划工作，区政府前期垫付社保补贴、住房保障、配套公共服务资金，后期再使用分批实施的办法，使得资金顺利流转。筹集社保资金过程中，实行“三个一点”的筹集机制，即村集体出一点、个人交一点、区财政再补贴一点。政府另外安排财政经费支出来支付置换社保的费用。在补偿标准上，给予退地农户一定的安置费以及土地补偿费用，同时提供定向安置房，按3种标准作价购买：人均超过45平方米部分按市场价购买；人均35平方米以内按安置价购买；人均35平方米至45平方米按成本价购买。

土地承包经营权退出模式种类比较见表3-1。

表3-1 土地承包经营权退出模式种类比较

	宁夏平罗	重庆梁平	四川内江	浙江嘉兴	四川成都
退地模式	“三权同退，永久退出”；与生态“插花移民”工程相结合	“自上而下，协商退出”模式	“三换”模式	“两分两换”模式	“双放弃”模式
退地条件	自愿申请、在城镇有固定居住地、稳定的就业和非农业收入来源等	法定退出；自愿退出。家庭主要劳动力必须参加城镇职工养老保险，老年的家庭成员要参与合作医疗保险以及养老保险	换保障：针对脱贫攻坚期建档立卡的贫困户、低保户或者60岁以上农户；换现金、换股份：针对有固定住房、稳定收入，不以土地为主要收入来源的农户	自愿、有偿、“三不变”原则	自愿搬迁；年人均纯收入5 000元以上；纯收入中农业占比最多只能有20%
退地形式	永久、彻底、完全退出；同时退出宅基地、承包地、房屋和集体收益分配权；农业户口转为非农业户口	长期退出：在合同期限内，放弃土地承包权；永久退出：土地承包权单项权利彻底退出	永久退出：土地承包权单项权利的全部彻底退出；长期退出（二轮土地承包期退出）：合同期内放弃土地承包权	永久退出；搬迁、流转土地承包权和宅基地使用权；以宅基地换取城镇房产，以土地承包权换取社会保障	永久退出；放弃宅基地使用权以及土地承包权
退地补偿标准	当年承包地收储价格（包括5%的价格溢价）×第二轮土地承包期剩余年限÷公顷数；为每户移民提供12万元安置资金	根据地类、区位差异，并且综合考虑当地的年均农地流转价格与本轮承包期（2027年止）剩余年限。试点村每亩承包地给1.4万元补偿；对退地农户进行每亩2 000元的额外奖励	换现金：永久退出，标准为当地土地流转价格乘2，按30年期计算；长期退出，标准为2倍目前土地流转价格，再乘二轮土地承包剩余年。换股份：土地流转价格乘退出年限，参与“保底+分红”。换保障：与城镇居民养老保险同待遇	土地经营权退出：土地租金；土地承包权永久退出：一次性货币补偿	土地补偿费；安置费；提供定向安置房，按三种标准价格购买：人均超过45平方米部分按市场价购买；人均35平方米以内按安置价购买；人均35平方米至45平方米按成本价购买

（续）

	宁夏平罗	重庆梁平	四川内江	浙江嘉兴	四川成都
退地社会保障	医疗保障；住房保障；养老保险	未涉及	换保障：养老保险	土地经营权退出：流转期限10年以上的，可获取城镇养老保险待遇；土地承包权永久退出：在社会保障方面给予经济补助	配套公共服务；住房保障；社保补贴
退地资金来源	政府设土地收储基金，村集体可以申请预借	集体经济组织自筹、金融机构担保融资、承接业主付租、乡镇借支以及县级补助等	换股份：承接方支付；换现金、换保障：区财政暂借给村集体	农村集体、经营主体以及国资公司	区政府先垫付，后期分批实施，保证资金顺利流转

资料来源：根据以下文献补充整理：牛海鹏，孙壹鸣．农户土地承包经营权退出意愿影响因素及退出模式研究［J］．农业工程学报，2019，35（11）：265-275.

3.2　不同种类的基本经验

通过对宁夏平罗、重庆梁平、四川内江、浙江嘉兴、四川成都五个国内地区农村土地承包权退出主要做法的分析，能够总结经验教训，为之后的土地承包权退出工作提供重要的借鉴。

3.2.1　政府引导和服务职能的强化

推动农村土地承包权退出，必须坚持农户自愿退地的原则，不得强迫或者阻止农户退地。“平罗模式”虽然坚持农户自愿退地的原则，但是在土地承包权退出的整个过程中，政府仍占据主导地位，具有一定的“强制性”，而“梁平模式”是自上而下的、跟基层协商而发起的农村承包地的有偿退出，政府在整个退地过程中起着引导、协调和服务的作用，该过程属于诱致性制度变迁。政府引导和服务职能的强化，能够缓解农户对于土地承包权退出的紧张感，有利于农户积极参与退地活动。政府要从农户异质性的现实情况出发，避免“一刀切”，根据农户的个体需求差异，制定多元化的土地承包权退出政策，才能使得农户真正自愿退出土地。

3.2.2 因地制宜有序推进退地工作

宁夏平罗与四川成都的退地模式是因地制宜开展退地工作的典范。宁夏平罗的“三权同退，永久退出”模式与当地施行的生态“插花移民”工程相结合，由政府主导、自上而下地通过一系列改革的先行先试，促进了农村资源向资本转变，激发了农业发展活力。而四川成都的“双放弃”模式，则与户籍制度相配套，落实“安居工程”和“乐业工程”，引导农户自愿放弃宅基地以换取住房，自愿放弃土地承包权以换取最低生活保障，从而达到实现集约化经营的目的。四川内江的“三换”模式、重庆梁平的“自上而下，协商退出”模式以及浙江嘉兴的“两分两换”模式，都是根据自身情况具体问题具体分析，从而选择了适合本地发展的退地模式，进而开展了农村土地承包权退出工作。因地制宜、有序推进，能够更加高效率地推动退地工作进程。

3.2.3 注重社会保障体系的建立健全

土地对于广大农民而言是重要的生产资料，从上述五个地区土地承包权的退出工作进程来看，引导农户自愿退出土地，退地后的社会保障水平对于农户的退地抉择具有重要的影响。农户可以利用土地承包权来换取和城镇居民相同待遇的社会保障，主要是养老保险。目前，很多试点地区也逐渐把医疗保险纳入置换政策当中。与城镇居民同等待遇的养老保险和医疗保险，对于农户来说，具有较强的吸引力。并且，为确保退地农户进入城镇后的公共生活质量，政府也给退地农户配套起与城镇居民完全相同的公共服务，包括医疗保障、文化生活、后代教育等方面。设置良好的退地后社会保障条件，建立完善的退出路径，满足农户退地后的“潜在需求”，才能坚定农户自愿退出土地的信心，从而加快土地承包权退出进程。

3.2.4 实施充分、长效经济补偿，优化农户土地承包权退出经济补偿机制

首先，要进一步明确补偿标准。补偿时除考虑经济价值外，还要考虑社会价值、生态价值、发展权价值等。借鉴国际做法，农业转移人口离开农地，应在经济补偿基础上再加上一个离农补贴。其次，要合理提高补偿期限。新时期已经明确第二轮土地承包到期后再延长 30 年，农业转移人口土地承包权退出补偿问题，必然要考虑新 30 年情况。然后，拓宽补偿资金来源渠道。建议国家层面专门设立农业转移人口退地经济补偿基金，中国农业银行等部门专门开发土地承包权退出信贷品种，保险部门可以针对土地承包权退出开发新的保险种类，如补偿金额期权保险。最后，创新多元化补偿支付方式。应当尊重农业

转移人口的意愿，引导在城镇有稳定住所和就业的青年农民以现金补偿为主，引导支持高龄农民以养老保险费缴纳补偿为主。

3.2.5 突出新型经营主体扶持重点，形成粮食家庭农场和农民合作社土地需求持续增长机制

一是农户退出土地后，村集体要将土地优先提供给种植粮食的家庭农场和农民专业合作社。对于粮食适度规模经营主体，村集体可以以较低承包费出租整治后的土地，或者无偿提供农业用地，但要加强土地用途监管，这部分“公益性”粮食生产经营用地只能用于谷物的生产经营，不得“非粮化”。二是整合补贴资金，给予实际粮食生产者农业补贴倾斜。重点支持以粮食规模经营为重点的新型农业经营主体，充分调动粮食规模经营者生产经营粮食的积极性，克服当下农地“非粮化”的不良苗头。三是控制地租过快上涨，降低粮食家庭农场和农民专业合作社经营土地成本。制定标准地租，对农村土地经营权交易市场实行国家指导价。发挥农业保险的作用，利用期权保险方法，在市场波动中稳定土地流转价格。

3.2.6 打造新型村集体经济组织平台，探索土地承包经营权退出和进入流动机制

一是坚持农村土地集体所有权。这是推动土地经营权流转、承包权转让的“稳定器”。实践中一旦出现土地经营权流转和承包权转让的风险，村集体经济组织可以行使所有权权能，严格退出条件和土地用途监管，防控和缓解农村社会矛盾。二是进行村集体经济组织公司化改造。组建农村集体资产管理运营公司，为城乡居民自由流动提供新平台。提升村集体资产公司财务能力和经营能力。联网全国大市场，在全国土地大市场中发现农地的真实价格，促进农地保值和增值。四是村集体经济组织要建立土地外包风险防范机制，通过建立审核制度、抵押金制度、村民代表大会表决制度等形式，将整理后的土地发包给下乡的新型农业主体，确保农田农用。

3.2.7 拓展使用主体范围，形成全社会提高农业土地利用效率新机制

要拓展农地经营权使用主体范围，让全社会热爱农业、懂农业、具有现代农业经营头脑的人共同发展农业，实现乡村全面振兴和农业农村现代化。为此，一是让退出后的农地跨村使用，进而在县城之间使用，条件成熟后还可以考虑跨省在全国使用。二是增加企业参与农地生产经营的时间。对于抛荒的土地特别是我国西部丘陵地区撂荒的土地，鼓励公司进驻，进行投资整理。给予较长的出租期限，利于公司长期投资改造。三是给予“新农人”支持。国家对

大学生、研究生等“新农人”要给予土地方面的优惠支持，助力“新农人”成为农业农村现代化的主力军。

3.3 本章小结

根据自然禀赋特点和不同区域农民的现实需求，各农村改革试验区形成了各自的土地承包权退出模式。宁夏平罗为“三权”永久退出模式，即土地承包权、宅基地使用权和集体产权全部退出，农户彻底转为城镇居民。这种模式土地承包权退出具有彻底性，农业转移人口市民化具有完整性。缺点是，仅仅是与生态移民相结合，而不是与新型工业化、新型城镇化以及农业农村现代化相结合，初始目的是保护生态环境，因此政府有一定的“强制性”，市场化退出特征较弱。重庆梁平尊重农民意愿，实行整体退出和部分退出模式。其背景是城镇化进程中，重庆梁平外出打工的人较多，很多土地粗放经营甚至撂荒，因此在政府组织下，让农民选择退出土地承包权模式，不统一为“三权”永久退出模式。同时秉持“为进而退，以退促进”原则，坚持退出土地承包权是为了更好地利用土地的目的，对退出土地进行集中整理再次发包，有力促进了新型农业经营主体和新型集体经济的发展。四川内江在永久退出和长期退出两种模式的基础上，对于经济补偿形式进行了多方面探索，形成退出的土地换现金、换股份和换社会保障三种形式，满足了不同人群对经济补偿形式的需求，丰富了农业转移人口土地承包权退出模式、经济补偿形式。浙江嘉兴“两分两换”土地承包权退出模式具有较强的启示意义。浙江省嘉兴市处于中国东部发达地区，是工业化、城镇化和农业农村现代化的先行区，代表中国农业农村的未来。用宅基地换社区内集中居住，用土地承包权换城镇社会保障，一方面，让农民有稳定的居住场所，解决了农民居有所居的大问题，另一方面，让农民有稳定的社会保障，城镇社会保障水平高，不仅稳定而且随着经济社会发展不断提升，这一措施受到农民的普遍欢迎。浙江省嘉兴市土地承包权退出与城镇化的衔接，是与工业化、城镇化相协同的；四川省成都市“双放弃”模式与浙江省嘉兴市“两分两换”模式本质是一样的，都是放弃农村宅基地换取城镇住房，放弃农村承包地换取社会保障。可见建立城镇住房保障和社会保障，是推动土地承包权退出至关重要的环节。除此以外，发展新型集体经济、壮大集体经济实力，培育新型农业经营主体，形成联农带农能力，构建政府引导服务机制，注重土地退出后的用地监管，防止耕地“非农化”和“非粮化”也是重要的基本经验。

4 土地承包权退出引导支持机制：农村内部视角

随着工业化和城镇化快速发展，农业转移人口进城是一个必然趋势。但是，我国城乡二元户籍制度这一历史原因，导致我国农业转移人口进城具有特殊性，呈现出与发达国家异质的状况。主要表现出“离乡不离土”“弃耕不弃地”“带地进城”“候鸟式流动”等特点。因此，在社会主要矛盾发展变化的新时期，着眼于推进高质量的新型城镇化和农业农村现代化目标，需要认真审视农业转移人口土地承包经营权问题，通过构建依法自愿有偿退出机制，促进城乡融合发展。

根据自然资源部的调查，我国每年抛荒的耕地近 3 000 万亩，缺乏劳动力是抛荒的主要原因。河南、湖北等一些粮食大省，土地抛荒率高达 20%～30%，这直接威胁国家粮食安全问题；市场经济也存在低效率配置问题。实际的表现是，进城农户不退地，难以实现农业规模经营，细碎的、分散化的承包地生产经营效益低，无法与发达国家大规模农业的效率相抗衡；单纯的市场机制调节还会出现不公平的问题，如产生“增人不增地”、“减人不减地”、进城农户有土地、城市居民没有土地等不公问题。所以，在农村内部，政府在土地承包权市场化退出中不能缺位，要充分发挥我国土地公有制的优势，深化农村土地制度改革，不断给农民土地权利赋能，更好发挥政府在农村土地市场化退出中的农村内部引导作用，有序引导进城农户土地承包权退出，为全面实现新型城镇化和城乡融合发展，提供有力的农村土地制度供给支撑。

4.1 含义及特征

党的十八大以来，中国特色社会主义进入新时代。2017 年召开的党的十九大做出了我国社会主要矛盾发生根本变化的新论断。农业转移人口包括农业人口内部产业间转移，也包括农业人口向农业外部转移。在向外部转移中，又包括进城落户的“全城市化”转移，还包括有稳定居所、稳定就业的“半城市化”转移。农业转移人口退出农村土地承包权引导支持机制，由农村的内部引导支持机制和农村的外部的引导支持机制共同构成。其中农村的外部引导支持机制包括城市就业水平、住房情况、城镇户口制度、社会保障水平、公共设施和公共服务的引力情况等；农村内部引导支持机制包括农村土地权能情况、经济补偿价格水平，农村社会保障制度情况、农村土地综合联动改革实践等。

综上，所谓土地承包权退出农村内部引导支持机制，是指着眼于新型城镇化和城乡融合发展战略目标，以党的十九大以来的土地改革新精神为背景，以共建共治共享新理念为引领，以完善土地承包经营权权能、提高经济补偿水平、健全农村社会保障制度为关键环节，政府引导农业转移人口因地制宜、因类实施、因时而动地有序推进土地承包权退出的制度安排。

具体可以从行政引导支持机制、经济引导支持机制和法律引导支持机制三方面特征进行解读：

4.1.1　行政引导支持机制

农村土地政策性较强，需要通过行政文件进行宣示，引领农村土地制度改革沿着经济社会发展正确目标变迁。行政引导支持机制从农村内部看，主要有政府政策宣示文件、农业农村发展区域经济规划、农村土地承包经营权退出的前置条件规定、退出中的程序规范以及进城农户农村土地退出后的用途监督等。

4.1.2　经济引导支持机制

主要包括经济补偿价格的评估、中介服务组织的构建、农村土地承包经营权退出市场的建立、退地补偿资金的筹集以及因地制宜退地模式的形成等。

4.1.3　法律引导支持机制

制度是管根本的、全局的和长远的。要保证农业转移人口退出土地承包权的可持续性，必须加强制度建设。主要包括社会保障制度、就业制度、产业制度等。要将成熟的制度及时上升到法律层次，以巩固制度改革的成效。法律引导支持机制从农村内部看，涉及的主要法律有土地管理法、农村土地承包法、物权法以及民法典等。法律要与时俱进，根据新时期新要求，及时立、改、废，才能更好地发挥引导支持机制作用。

4.2　现状与问题

党的十一届三中全会以来，实行家庭联产承包责任制度。这种统分结合、双层经营的农村基本经营制度变迁，极大调动了农民生产经营积极性，中国人民实现了温饱，制度变迁创造了历史性成就。但是，这种零散化、碎片化的小农经济制度却不能让农民致富，适度规模经营才是提高农民收入的必由之路。此时，规模经济、正外部性和交易成本的降低，引起农民收入的增加，制度变迁使得收益大于成本，形成了制度的非均衡，土地承包经营权制度由此产生了制度变迁的现实需要。从20世纪80年代起，中央就出台政策引导农村土地向种粮能手流转，到21世纪初又开始探索引导构建进城农户农村土地承包权有偿退出机制，形成农村基本经营制度高水平新均衡。

4.2.1 土地承包权退出农村内部引导支持机制现状分析

随着工业化和城镇化加速推进，农业转移人口与承包地的关系成为政策关注的焦点。最早在政策上允许土地承包经营权转让的文件，是2008年党的十七届三中全会颁布的《中共中央关于推进农村改革发展若干重大问题的决定》，《决定》强调，允许农民以转包、出租、互换、转让、股份合作等形式流转土地承包经营权，发展多种形式适度规模经营。2011年《国务院办公厅关于积极稳妥推进户籍管理制度改革的通知》指出，引导农村人口有序向中小城市和建制镇转移，逐步满足符合条件的农村人口落户要求。2014年《国务院关于进一步推进户籍制度改革意见》要求到2020年努力实现1亿左右农业转移人口和其他常住人口在城镇落户。为破解农业转移人口“亦工亦农”“离农不离土”等问题，我国开始探索构建农村土地承包权退出机制。针对实践中强制进入市（区）农户退出土地问题，2015年党的十八届五中全会《中共中央关于制定国民经济和社会发展第十三个五年规划的建议》提出，维护进城落户农民土地承包权，不得以落户为条件，强制进城农户退出土地承包经营权，支持引导其依法自愿有偿转让上述权益。农业部会同农村改革试验区联席会议成员单位，正式将农村土地承包经营权退出机制纳入试点任务。四川省内江市、四川省成都市、重庆市梁平县和贵州省湄潭县等地农村改革试验区开展承包地退出试点，引导有稳定非农就业收入、长期在城镇居住生活的农户自愿退出土地承包权。农民退出土地承包权试验进展比较顺利、成效明显、积累了经验（补偿模式和补偿标准见表4-1）。

表4-1 农业农村部农村土地改革试验区土地承包权退出内部引导支持机制情况

地区	上海市松江区	上海市奉贤区	浙江省宁波市	四川省成都市	四川省内江市	重庆市梁平县	宁夏回族自治区平罗县
土地承包经营权退出模式	永久退出	长久退出	股改退出	土地信托	换现金、换股份、换保障	多方联动	与生态移民结合

（续）

地区	上海市松江区	上海市奉贤区	浙江省宁波市	四川省成都市	四川省内江市	重庆市梁平县	宁夏回族自治区平罗县
经济补偿	2016年起，退出土地承包经营权每月可得1 545元	2017年起，退出第二轮土地承包经营权的农民每年每亩可得1 200元	土地承包经营权量化为股份，集体按股分红	实行类似征地标准退地、公开拍卖溢价补偿	引入地价评估机制，根据地力、等级、地块属性、剩余期限补偿	依据当地经济社会发展水平、不同区位差异进行补偿	参照征地补偿标准、结合当地近三年土地流转平均价格进行补偿。对积极退出的给予额外奖励

资料来源：作者根据农业农村部农村土地改革试点地区文献材料整理。

乡村全面振兴是“十四五”时期“三农”工作的总抓手，核心要义是农业产业要兴旺。根据农业现代化国家经验，农业土地适度规模经营是农业产业现代化的必要前提。因此，在耕地数量基本一定的情况下，要达到农业适度规模经营的目标，必须从农业领域转移出来剩余劳动力，有序推进农业转移人口进城落户，引导支持进城落户农户依法自愿有偿退出农地承包权，扩大高素质农民人均土地面积。

4.2.2 土地承包权退出内部引导支持机制实践中的问题

（1）土地承包经营权权能不完善

新中国成立70多年来，我国农村土地经历了土地农民自己所有、集体统一所有、集体统一所有农民承包经营以及农村土地“三权分置”等主要阶段。从我国农村土地制度变迁进程看，改革开放以来，农村土地权利束处于一个不断增加的过程，这期间农民土地承包经营权是残缺的、不完整的。最初的土地承包经营权仅仅是占有、使用和收益的权利，农民没有流转权利，也没有转让、抵押和担保的权利。1986年民法通则第八十条指出：“土地不得买卖、出租、抵押或者以其他方式非法流转。”彻底否定了农村土地可以转让。此时，农村土地集体所有主体也是模糊的，有些是乡镇集体所有，有的是村集体所有，还有的是村民小组所有，由于土地集体所有主体产权虚位，农民土地产权与集体产权边际不清、归属不明、成员资格不定，造成土地承包期间集体侵占农民利益、随意收回承包地等突出问题，相关矛盾纠纷不断，是农村干群关系紧张的重要影响因素之一。

针对农村土地承包中出现的问题，21世纪初，我国相继制定和完善了

《中华人民共和国物权法》和《中华人民共和国农村土地承包法》，明确了农村土地承包经营权的用益物权属性，对农民土地承包收益和流转收益进行了法律保护。两部法律都积极鼓励农民进行土地流转。2008 年以来我国农村土地流转进程较快，土地流转价格一直处于上升态势，家庭农场和农民合作社等新型农业生产经营组织不断涌现。但两部法律还有可以进一步完善的地方。2007 年 10 月起实施的《中华人民共和国物权法》第三编第十六章第一百八十四条明确规定："耕地不能抵押。"为适应适度规模经营发展的形势要求，农业金融面临更多的要求。农村土地是农民最重要的资产，却不能抵押和担保，发展家庭农场和农民合作社所产生的资金需求瓶颈难以解决，影响了新型农业经营主体进一步发展壮大。农业农村经济的快速发展对农村土地权利束产生了新期待，迫切需要拓展权利束内涵，赋予其更多的权能。与此同时，2009 年修正的《中华人民共和国农村土地承包法》第二十六条规定："承包期内，承包方全家迁入设区的市，转为非农业户口的，应当将承包的耕地和草地交回发包方。承包方不交回的，发包方可以收回承包的耕地和草地。"很明显，这一条规定，限制了农村土地承包经营权用益物权权益，为了留住农村承包地，进城农户宁可放弃城镇户口，过"两地兼顾""半城市化"的生产生活，造成了中国特有的"进城不弃地""离乡不离土"的城市化现象，甚至出现农村耕地撂荒、毁耕种树等严重问题。

(2) 农村土地退出经济补偿不合理

在我国，农村土地是农民最重要的资产，承载着生产功能、就业功能、保障功能和子女教育发展功能等多种功能。早期，农村土地退出是福利性退出。因为农户从村集体获得土地承包经营权是无偿的，可以看作是一种福利。所以农户退出土地类似退回福利，不需要补偿，仅就土地上增加的投入有获得弥补的机会。农村土地退出不能得到合理的经济补偿，是造成进城农户宁可让土地弃耕撂荒也不交回集体的重要原因之一。尽管缺乏全国的数据统计，但大量的事实提供了多样化的证据。例如，2000 年安徽省土地撂荒面积占该省承包土地总面积的 1.2%；2001 年，浙江省 2 505 万亩耕地中有 0.2%～5%被常年撂荒；河北省季节性抛荒面积占该省耕地总面积的 4%左右；对 5 个县（区）的调查表明，湖北省 2008 年有 1.2%的耕地被撂荒。随着人口增多和国际形势不确定性增强，粮食生产越来越重要，克服农村土地抛荒问题、增加粮食播种面积，是稳定粮食生产、维护国家粮食安全、实现统筹经济发展与安全的重要举措。

从各地改革实践看，进城农户退出经济补偿主要是以早期粮食生产总值乘以期限和亩数，这是不合理的。因为长期以来我国粮食价格较低，所以测算出来的粮食生产总值较低，农户因此得到的经济补偿就低，难以负担农业转移人口市民化的成本。本书利用2008—2016年农村土地流转价格上升较快时期数据，根据9年粮食价格数据，通过收益还原法就土地承包经营权退出价格进行了全部测算。现仅就2016年测算结果进行整理，详见表4-2。

表4-2 全国部分省份2016年土地承包经营权退出价格测算

省份	均纯收益 r（元/亩）	银行存款利率 j（%）	区域风险利率修正 f（%）	土地还原率 $i=j+f$（%）	土地承包经营权退出价格（r/i）（元/亩）
辽宁省	412.17	1.5	3.47	4.97	8 293.16
吉林省	289.79	1.5	2.4	3.9	7 430.51
黑龙江省	270.30	1.5	1.73	3.23	8 368.42
河南省	47.34	1.5	2.67	4.1	1 154.63
安徽省	25.16	1.5	2.93	3.9	645.13
湖南省	108.72	1.5	1.87	3.37	3 226.11
湖北省	23.33	1.5	1.87	3.37	692.28
浙江省	324.74	1.5	2.80	4.3	7 552.09
江苏省	381.83	1.5	2.67	4.17	9 156.59
四川省	−107.49	1.5	0.53	2.03	—

资料来源：亩均纯收益根据以下文献计算整理：国家发展和改革委员会价格司．全国农产品成本收益资料汇编［M］．北京：中国统计出版社，2009—2017.

从测算结果看，如果按照粮食生产总值的倍数给予农民退地补偿，农民所得补偿是较少的。从封闭农业农村改革试验区补偿情况看，补偿最高价格为每亩4 500元左右，再乘以第二轮承包剩余年限，即为补偿总金额。2016年我国农民人均耕地面积1.41亩，从各地试点情况看，每个农业转移人口获得承包地退出平均经济补偿不足4万元。

（3）农村社会保障体系不健全

长期以来，土地是农民最重要的保障。在中国传统农耕思想影响下，农民始终认为土地是生存的根本，土地承载着农民基本生活保障功能。没有土地，农民就缺乏安全感。即便是给退出土地的农民以较高的经济补偿，由于农村社会保障体系不健全，农民也不愿意退出土地，因为土地是他们最后的保障、最大的生存安全基石。在城乡二元体制下，与城镇社会保障体系相比，农村社会保障体系很不完善、保障水平较低。在就业、子女上学、医疗、养老等方面，与城市的保障水平差距较大。根本原因是，小块农村土地承载的保障功能，不能满足农民日益增长的美好生活需要，伴随现代化进程，剥离农村土地的社会保障功能，构建新时期健全农村社会保障体系是大势所趋、势在必行。

以日本为例。日本人多地少，现代化进程中出现“留守老人”“留守妇女”等问题，与中国相近。日本在现代化进程中较好地解决了农村社会保障问题，成为亚洲国家农村社会保障体系最健全的国家之一。日本为了激励进城农民和高龄农民退出土地，实行多层次、立体式农村社会养老保障体系。日本农民拥有国民基础养老金、农民年金、国民养老基金等多重社会养老保障，有力地助推了日本工业化、城市化和农业现代化进程。年轻一代农业转移人口安心向城市转移就业，成为工业化新的劳动力源泉。农村土地向合作农场和公司法人流转，促进了农业生产经营的规模化、集约化、机械化、标准化，促进了高效率、高质量、高品位的现代化农业农村建成。与日本相比，我国农村社会保障体系很不健全，保障水平不高，保障方式不多，保障模式单一，影响了农业转移人口有序退出农村土地的积极性。

（4）农业户均超小规模耕地面积制约了乡村振兴进程

受我国农业人口众多的影响，在我国耕地户均平分土地思想的指导下，耕地呈现碎片化、细小化特征，户均土地 8 亩左右，人均一亩三分地，这两项指标远远低于美国和澳大利亚等大农场国家，也低于同在亚洲的韩国和日本，其中韩国农村户均土地 23 亩，是我国的近 3 倍，日本户均土地 33 亩，是我国的 4 倍多。按照城乡收入基本一致的现代化目标，农地规模经营有一个最优面积，不同学者按照不同标准进行了划定，见表 4－3。

表 4－3　不同标准下我国农地集中最优面积

单位：亩

分类标准	户均最优面积	劳均最优面积
农户效用最大化	67.81	6.32
农业劳动力转移限制	60	30
国际经验	47	24
城乡收入平衡	120	60
加上农业补贴	100（北方）	50（南方）

资料来源：根据以下文献相关内容整理：蔡继民，等．中国城市化功能定位、模式选择与发展趋势［M］．北京：中国出版集团，2019.

对照表 4－3 中内容可以看出，无论是从农户效用最大化、农业劳动力转移限制、国际经验看，还是从城乡收入平衡趋势看，目前我国户均 8 亩耕地，人均一亩三分地的严峻现实表明，乡村全面振兴和农业现代化任重道远，必须加大农地适度规模经营力度。就耕地流转情况看，目前只有 1/3 的耕地进行了流转，还有2/3的耕地没有流转，受谈判成本、租金难收、土地利用等问题影响，农业转移人口进行土地流转势头在放缓，耕地经营老人化、妇女化现象严重，导致耕地粗放生产，土地资源利用效率、农业竞争力不高，影响了乡村振兴和农业现代化进程。因此，需要探索符合条件的进城落户农业转移人口退出农地，让更多的农地成片集中在高素质农民手中，促进农地生产经营年轻化，这是加快乡村全面振兴、提高农民收入以及推进农业农村现代化进程的前置条件。

4.3 政策建议

十九大以来，中国共产党全面推进各领域改革，改革的新精神、新理念、新政策为进一步完善土地承包权退出引导支持机制提供了新视野。先后出台的十九大报告、修改后的《中华人民共和国农村土地承包法》、十九届四中全会公报、《中共中央 国务院关于农村土地承包经营权长久不变实施意见》、民法典、《中共中央 国务院关于构建更加完善的要素市场化配置体制机制的意见》、《中共中央 国务院关于新时代加快完善社会主义市场经济体制的意见》、十九届五中全会公报以及习近平总书记关于农村土地改革最新指示精神，为研究农业转移人口土地承包权有偿退出提供了新的指导思想和根本遵循，为建立健全农村内部引导支持机制提供了新的研究方位。

4.3.1 赋予农村土地权益更加开放的结构，进一步完善土地承包经营权的权能

从中国共产党成立百年来的历史看，始终注意维护农民土地权益，是我们党不断发展壮大的关键所在，也是推动中国社会经济不断进步的重要动力源泉（表4-4）。

表4-4 中国共产党成立百年来完善农民土地权能政策简表

时期	社会经济目标	完善农民土地权能政策
土地革命时期（1921年7月—1937年6月）	—	土地政策最高纲领是没收大地主、官僚、军阀、寺院土地给农民；最低纲领是“减租减息”斗争。提出了系统土地革命政策
抗日战争时期（1937年7月—1945年8月）	—	由没收地主土地到“减租减息”政策调整。联合了地主，激发地主阶级抗战积极性

（续）

时期	社会经济目标	完善农民土地权能政策
解放战争时期（1945年9月—1949年10月）	—	由“减租减息”到“耕者有其田”再到“消灭封建地主阶级”
土地农民所有、生产互助合作运动阶段（1949—1955年）	发展农业生产，为新中国的工业化开辟道路	土地农民所有家庭经营，在此基础上组织农民进行劳动协作、生产互助
计划经济阶段（1956—1978年）	完成生产资料社会主义所有制改造，向共产主义过渡	由土地农民所有家庭经营到土地集体所有、统一经营、统一核算、统一分配，地权结构越来越“左”
土地集体所有权和经营权分置阶段（1978—2012年）	促进农村生产力发展，提高粮食生产能力	由保护“一权”到保护“二权”。赋予农民土地占有、使用和收益分配权，扩大了农民的土地经营自主权
党的十八大以来，促进小农户与现代农业有机衔接阶段（2012年至今）	提高农民组织化程度，充分激发农村生产要素潜能	培育和壮大新型农业生产经营组织。引导农民以土地经营权入股农民合作社和龙头企业。扶持小农户生产，保护好小农户利益，强化承包权的物权保护

资料来源：作者根据中国共产党建党百年的农村土地政策文献整理。

新中国成立70多年我国农村改革的实践证明，赋予农户土地承包权，克服农村土地集体所有集体经营的弊端，对于调动农民生产积极性，具有重要的历史意义和现实意义。这是中国特色社会主义农村土地制度的重要创新，这个制度创新为中国带来几十万亿的产值，不但深刻改变了中国农业农村面貌，而且为中国经济强大奠定了稳固的农村土地制度基础。百年来党的农村土地制度历史证明，什么时候赋予农民较完善的土地权利，什么时候革命、建设和改革就会取得巨大的成就，反之则反。

“十四五”时期，我国进入全面振兴乡村和现代化建设新时期，经济社会发展目标发生了显著的变化。着眼于全新的经济社会目标导向，无疑，要进一步深化农村土地制度改革，强化农村土地承包权物权属性，变农业转移人口承包地的福利性退出为财产性退出，维护农民土地权益。一是土地承包权权能要更加完善。产权经济学指出，转让权在产权结构中发挥着关键作用。根据产权经济学原理，子权利越多、母权利越丰富，权利主体拥有的权益越大。一方面，要探索土地承包权证的实现方式。颁证不是目的，目的是让农民土地资源变资产，增加农民财产性收入，要增加权证保值增值的渠道。另一方面，要探索土地经营权物权属性。相对于土地承包权，土地经营权物权属性不明显，给新型农业经营主体带来不确定性，影响了其流转承包地的积极性，进而影响了土地承包经营权物权的实现，需要探索土地经营权证颁发的规定。二是农村土地集体所有权“主体”要更加明确。要加快农村集体资产量化股份步伐，通过资产变股份，改变农村土地集体所有者的“虚位”。农民变股东后，将农村土地集体所有权和土地承包权有机结合起来，以股份分红方式，将集体和农民个体组成紧密的利益共同体，从而才能寻找土地承包权通过集体组织来实现的新的有效途径。三是当前农业土地承包权退出要以长久退出为主。长久退出是有期限的退出土地给集体，由集体统一对外发包。新时期新精神已经明确，第二轮承包后土地承包期再延长 30 年，至 2058 年，第一轮是 15 年，第二轮是 30 年，第三轮是 30 年，总计农村土地承包期达到 75 年，与城市居住房屋产权相一致，到期后按照长久不变精神还可以再续包，真正赋予了农村土地承包权物权属性，土地正在成为农民最重要的财产。农村集体组织要探索农业转移人口长久性退地集中使用的新路径，通过土地整理、产权交易、农业工业化等集体运营方式，帮助小农户与现代农业和工业化有机衔接，实现承包地退出的保值和增值。

4.3.2　制定土地承包权长久不变评估新标准，提升承包地退出经济补偿水平

农村土地是农民最重要的财产，倘若进城农户的土地能够依法自愿有偿合理退出，土地资源转化为实实在在的资产，就会减轻进城农户个人的城镇化成本负担，甚至可以较快地提高进城农户收入水平。2019 年 11 月，《中共中央　国务院关于保持土地承包关系稳定并长久不变的意见》正式发布。《意见》强调“三个保护”，保护土地集体所有、家庭承包经营的基本制度长久不变，保护农户依法承包农村集体土地的基本权利长久不变，保护农户承包地稳定。由土地集体所有集体经营的“一权”，到土地承包经营权与土地集体所有分离的“二权”，再到土地集体所有权、家庭承包经营权、土地经营权“三权分置”，直到目前占有、使用、流转、收益和抵押、担保多种权利束的形成，农村土地承包权用益物权越来越丰富，物权属性日益强化，“土地产权资本化，就可以大幅度增加农民的财产性收入，为农民工市民化提供资本支持”。

为了增加农业转移人口进城资本、降低其城市生产和生活成本，就需要提高承包地退出补偿标准。首先，针对永久性退地的农户，要考虑承包期再延长 30 年和适当考虑再续包的情况。从农业农村部农村土地改革试验区看，对永久退地农户，在实施补偿时，主要考虑的是第二轮承包期剩余年限。目前从政策和法律上已经明确第二轮承包期结束后，土地承包期再延长 30 年。这为永久退出农村土地获得高额经济补偿提供了政策和法律根据。现实中，确实存在

部分永久退地农业转移人口（如新生代农民工、大学生、高技能农民工、考入公务员和事业单位的青年农民等），这部分人市民化了，有利于推进城市群的崛起和农业农村现代化。为此国家要多方面筹集资金，为这部分人永久退出农村土地提供资金支撑，彻底割断他们与农村土地的关系，让他们率先成为真正意义上的现代市民。其次，针对长久退地的农户，要考虑土地经营权退出的保值和增值。政策和法律规定不得以退出农村土地作为进城落户条件后，农业转移人口退出土地承包经营权的主要形式就变为长久退地，不再是永久退地。即退出第二轮或者第三轮土地承包期的土地经营权。从调查中得知，将土地经营权退给集体组织的占30%左右，私下流转的占70%左右。土地经营权退给村集体后，由村集体对土地进行连片整理，通过产权交易平台对外发包，能够实现土地的溢价。江苏省盐城市射阳镇通过区块链技术在产权平台上交易土地经营权，每亩土地溢价150元，增加了农民和集体收入。最后，探索建立土地承包权退出市场。从长期看，农业转移人口永久退出农村承包地是方向，长久退出土地经营权只是阶段性制度安排。随着大学教育的普及化，大部分农村青年能考上大学，他们将扎根城市、不会回到农村；新生代农民工不会种地，也会千方百计留在城镇生活；高龄农民终究有老去那一天；即便是中坚农户，由于农业比较效益低，也会有部分人因为经济效益问题永久放弃农业生产。总之，需要探索农业转移人口承包权退出市场问题，畅通土地变资产的“窗口”，减轻国家财政负担。土地承包权退出市场将与土地经营权交易市场联立，共同构建完整统一开放的农村土地承包经营权大市场。

4.3.3 健全多层次农村社会保障体系，筑牢农业转移人口承包地退出风险防范机制

党的十九届五中全会提出统筹发展和安全的新思想，安全发展思想将贯穿今后我国各个发展领域。农业转移人口退出农村土地面临较多风险。主要包括，目前的农村社会保障水平低，农村社会保障不健全；农村社会保障层次少，仅有基础养老金形式，模式单一，以发养老金为主；对青年“新农人”社会保障覆盖面不广，激励措施不多。从世界农业农村现代化历史看，发达国家普遍建立了农村社会保障制度体系，形成了广覆盖、多层次、立体式的养老保障模式，为农户退出农业土地和“新农人”进入农业经营土地，提供了可靠的安全保障网，防范了农业经济发展面临的市场风险和自然风险，助推了土地规模经营面积扩大，实现了高效、绿色、安全的农业现代化。

法国的《农业指导法》规定，鼓励扩大农业规模，依据土地流转的性质和面积实行不同层次补助和优惠贷款政策。《农业指导法补充法案》规定，65岁以上老年农民放弃土地经营或者自愿让出土地可获得离农终身补贴，并且政府

对经营农业或者扩大农场规模的青年农民进行财政补贴。由于城市经济发展，农村人口退出土地的情形越来越多，土地抛荒现象也越来越严重。日本自《农地法》第二次修改后，开始鼓励农村土地租赁和流转。从 20 世纪 50 年代开始日本重视农村社会养老问题，从农村基本养老制度建设出发，建立多层次、立体式农村社会养老体系。为工业化进程提供了较充足的劳动力资源，为农业转移人口加快市民化提供了坚强后盾，为实现农业规模经营和农村城镇化创造了有利条件。借鉴发达国家经验，我国农村社会保障制度体系建设需要完善三个方面，助推农业转移人口退出承包地进程。第一，基于退地经济补偿价格的提高，要根据当地经济社会发展水平，提高农村社会养老保障水平。我国农村土地具有保障功能，所以用退出土地换取农业转移人口养老保障具有合理性。问题是，新的养老保障水平要达到当地城镇保障水平，并且随着国家养老保障水平的提高不断上涨，这是农村“土地换社保”成功的关键。第二，要构建多层次的农村社会养老保障体系。除了农村基础养老金外，对于新型农业经营体业主可实行农民年金制，提升他们的养老金水平。对于达到中等收入阶层的农民还可以实行基础养老金附加保险金制度，满足中等收入农民提高养老金的需求。国家对于年金、附加保费予以补助，这样做，会让农业转移人口退出的土地有承接方。第三，抓紧研究农民退休、农村老人护理以及青年农民务农补助制度。实行高龄农民退休制度，非常有利于农村土地适度规模经营，有利于土地生产经营者的年轻化，更有利于农业生产技术普及、农业机械化和农业数字化。与此同时，要看到农村养老保障不单涉及经济问题，还涉及生理护理和心理抚慰的问题，所以要借鉴发达国家经验，尽快建立健全农村老人护理制度和精神抚慰制度，通过国家社会保障分担家庭养老风险，让农业转移人口安心扎根城市，缩短“留地”的缓冲期，推进真正市民化的进程。市场经济条件下，城乡劳动力是双向流动的，伴随农业转移人口向城镇流动，一批爱农业、懂农业、擅长经营农业的新农人“逆城镇化”流向农业农村也将是一个新的趋势，青壮年新农人成为我国未来现代农业的主力军和骨干力量。要为新农人经营现代农业筑牢农村社会养老保障安全网，让他们热爱农村、安心做农业、争当高素质农民，为实现全面乡村振兴和农业农村现代化奠定坚实的人才队伍基础、提供源源不断的人力资源。

4.3.4　积极推进土地承包权退出后农业适度规模经营

农地适度集中，是农业规模经济发展的必然要求，是降低农业生产成本的有效手段，也是农业现代化的必要前提。2021 年是全面开启农业农村现代化和乡村全面振兴起步之年。产业兴旺、生态宜居、乡风文明、治理有效、生活富裕是乡村振兴战略的总要求，第一条就是产业兴旺。种植业是农业的实体产业，产业兴旺的关键是种植业要振兴。种植业和工业制造业一样，需要发展规模经济。大力发展农业种植业规模经济，有利于降低种植业长期平均成本，增加农业经济效益，提高农民收入水平。适度规模经营，有利于农业基础设施建设，减少基础设施建设成本，亦利于农业社会化服务，可提高社会化服务效率，更利于农业机械化、科技化、水利化。同样，农业的绿色化、生态化等新业态发展也离不开农业的适度规模经营，高标准农田建设就有效地避免了农业面源污染和化肥的大量施用，有力地促进了粮食生产的高产、高效和高质。解决农地适度规模经营问题，解决乡村振兴背景下农业适度规模经营问题，要让农业转移人口退出的土地流向农业专业大户、家庭农场、农民专业合作社和龙头企业，增加新型农业经营主体土地面积，提高农业户均耕地面积和劳均耕地面积，将农业补贴发给真正种地的农户，提高农业劳动生产率、高素质农民收入，维护国家粮食安全。

4.4 本章小结

农村土地的准公共品属性决定了土地承包权退出存在市场失灵的可能，为此需要政府的介入。政府干预不是完全替代土地承包权退出市场行为，政府的作用主要是引导和支持。政府可在农村内部和农村外部构建引导支持机制。就农村内部引导支持机制而言，主要包括出台农村土地制度改革文件，进行土地退出经济补偿价格测度，以及健全法律制度。从农村内部引导支持机制现状看，存在土地承包权能不完善、经济补偿价格不合理、退出法律制度有待完善以及农村社会保障不健全等问题。因此，要适应经济社会发展需求，进一步完善土地承包权权能，提高经济补偿标准，完善相关法律制度，建立多层次立体式农村社会保障体系，从农村内部稳步构建土地承包权退出机制。核心问题是要基于第三轮承包期的明确性和长久不变性质，给予进城农户充分完整的土地承包权退出补偿，农户有了充足的经济补偿资金就能在县城等地购买住房，加入城镇社会保障体系。对于经济补偿价格的测算，不仅要从粮食生产产值角度进行测算，还需要结合土地流转价格、当地社会保障水平、土地退出后用途多方面考虑。总的原则是农民利益不受损，进城农户生产生活有保障，城乡协同发展、社会稳定。

5 土地承包权退出引导支持机制：农村外部视角

人地关系问题，是新时期“三农”领域的核心问题。伴随工业化和城乡融合发展，处理好农业转移人口和农地之间的关系，成为政界和学界关注的热点。2016 年《国务院关于实施支持农业转移人口市民化若干财政政策的通知》要求，逐步建立进城落户农民在农村的相关权益退出机制，积极引导和支持进城落户农民依法自愿有偿转让相关权益。2018 年修订、2019 年实施的《中华人民共和国农村土地承包法》第四节第二十七条第二款明确规定：承包户进城落户的，引导支持其按照自愿有偿原则依法在本集体经济组织内转让土地承包经营权或者将承包地交回发包方。2019 年 11 月颁布的《中共中央　国务院关于保持土地承包关系稳定并长久不变的意见》指出，建立健全土地承包权依法自愿有偿转让机制。对承包户进城落户的，引导支持其按照自愿有偿原则将承包地退还集体经济组织。2021 年《中共中央　国务院关于全面推进乡村振兴加快农业农村现代化的意见》这一“1 号文件”又再次强调，要研究制定依法自愿有偿转让的具体办法。上述政策法律表明，引导支持农业转移人口依法自愿有偿退出土地承包权已经成为新时期政策法律引导激励的方向。既要给农业转移人口充分合理的补偿，激励进城农户离开土地，彻底融入城镇生产生活，又要建设好城镇体系，在户籍、住房、就业和基本公共服务等方面为进城农户提供良好保障，吸引农业转移人口进城落户。

5.1 相关概念的含义

5.1.1 农业转移人口

党的十八大报告强调，有序推进农业转移人口市民化。由此，农业转移人口概念替代了长期以来人们使用的农民工概念。农民工包括外出农民工和本地农民工。外出农民工是指户籍在农村，工作跨乡镇、跨县区、跨省市的农民工；本地农民工是指户籍在农村，但离开农业，在本乡镇打工的人。从近几年统计数据看，我国农民工群体保持在 2.9 亿人次左右，其中外出农民工有 1.7 亿人左右，本地农民工约为 1.2 亿人。本部分研究中农业转移人口与外出农民工概念相一致。

5.1.2 土地承包权退出

退出权是组织成员的一项基本权利，也是要素优化配置的前置条件。在我国计划经济年代，由于缺乏退出权，劳动力和农村土地要素不能流动起来，各项资源难以优化配置，由此导致农村社会生产力和整个国家经济竞争力的下降。改革开放后，农民拥有了农村土地承包经营权，调动了农民生产经营积极性。但是这种权利是一种不完整的权利，主要表现在，它是拥有占有、使用、收益的用益物权，缺乏所有权和处分权（含退出权）。虽然1984年的中央文件规定农民拥有土地承包经营权的退出权，可以将农地退给村集体组织，但这属于无偿退出，并没有体现权利补偿的特征。2014年实行农村土地所有权、承包权和经营权“三权分置”改革，目的是放活土地经营权，没有提及土地承包权退出问题。土地承包权退出只是在试点地区封闭运行。改革试验中，土地承包权退出普遍分为永久退出和长期退出。永久退出又称完全退出，是指进城农户彻底割断与农地的关系，完全融入城镇生产生活；长期退出，又称部分退出，是指进城农户退出第二轮承包期间权利，享有第三轮土地承包经营权利，这实际上是土地经营权的转让，但从期限上看，要远远长于一般的土地流转，是土地流转的高级形式，但却是土地承包权退出的初级形式。到2020年，我国完成了1亿外出农民工进城落户的新型城镇化目标任务，但绝大多数农民进城落户是“带地”进城，只是将土地经营权进行了转让，并没有彻底割断与农地的关系。

5.1.3 城镇引导支持机制

在社会主义市场经济条件下，市场主体的行为是一种市场化行为，市场主体作为理性的经济人按照利益最大化原则进行决策。但是由于存在市场失灵、市场经济存在盲目性，市场主体的健康发展离不开政府的微观经济政策和宏观经济政策的引导和调控。在我国，农村土地是准公共物品。一方面，它承担农民的保障功能、就业功能、财产功能，是农民重要的生产要素；另一方面，它又承担国家的粮食安全功能、重要农产品供给功能、生态水源涵养功能和农耕文化传承功能等。因此，对于土地承包权退出就不能仅仅看作是农业转移人口个体市场行为，政府要在此过程中更好发挥引导支持作用，土地承包权退出试点实践表明，我国农业转移人口土地承包权退出离不开政府的引导支持。政府的引导支持是加快农业转移人口市民化的重要保证。就城镇方面而言，户籍制度、住房制度、就业制度以及教育、医疗、养老等公共服务水平，是吸引农业转移人口进城的重要因素。

综上所述，所谓农业转移人口土地承包权退出农村外部引导支持机制，是指以新型城镇化精神为指导，以协调推进新型城镇化和乡村全面振兴为动力，以加快农业转移人口市民化和农业农村现代化为目标，加快以人为核心的新型城镇化步伐，通过提高新型城镇化水平，引导支持农业转移人口依法自愿有偿退出土地承包权的制度安排。

5.2　城镇引导支持机制的现状与问题

党的十八大以来，越来越多的农业转移人口变成市民。截至2023年，全国城区常住人口300万以下城市的落户限制基本取消，有超过1.5亿农业转移人口和其他常住人口在城镇落户，2023年常住人口城镇化率达到66.16%，居住证发放超过1.4亿张，城镇基本公共服务对非户籍常住人口覆盖范围不断扩大。进入2024年，户籍制度改革进一步加快，成都、无锡等地宣布取消或降低落户门槛。2024年中央经济工作会议明确，深入实施以人为本的新型城镇化战略，把农业转移人口市民化摆在更加突出位置，统筹推进户籍制度改革和城镇基本公共服务均等化，提升城镇特别是县城的产业、人口承载能力，以县城城镇化为重点，高质量推进新型城镇化，为扩大国内需求、扎实稳步推进中国式现代化注入强大动能。

新型城镇化是以人为核心的城镇化，与以土地为核心的城镇化有着根本区别。以人为核心的城镇化是指要让农业转移人口享受到与城镇居民一样的市民待遇，与城镇居民一样体验城市生活的幸福感、获得感和安全感。要在城镇优化农业转移人口土地承包权退出引导支持制度，缩小常住人口城镇化率与户籍人口城镇化率差距，构建农业转移人口相对贫困治理机制，形成新生代农民工率先融入城镇机制。

5.2.1　缺乏农地退出机制是导致常住人口城镇化率和户籍人口城镇化率差距居高不下的原因之一

农业转移人口进城落户需要雄厚的财产资金支持，包括生活资金和生产资金。从目前看，允许农民“带地进城”，鼓励农民转移土地经营权，进城农户能够获得土地经营权流转租金。但是农民进城的住房资金和生产资金需求往往是一次性和大量的，土地经营权流转租金难以满足农民进城生活和生产的现实需求，而且当前还存在租金收缴难、地方政府垫付资金压力过大问题。从世界各国城市化历史发展进程看，农业转移人口市民化是城市化的主流，所谓农业转移人口市民化，是指进城的新市民要彻底割断与农村土地原有的关系，完全融入城市生产生活中。真正的城市化是农民的市民化，也就是离开土地向城市永久性迁移。在我国，农民市民化最主要的表现就是进城落户，变成新市民。

农民变新市民需要生产生活成本，变现农村土地资产，无疑会给新市民带来一笔雄厚的进城资金，助力农民市民化有序推进。目前新市民宅基地使用权和集体收益分配权退出正在逐步推进，农地承包权退出处于缓慢推进中，根据“木桶理论”，农民市民化进程能否加快，关键取决于农业转移人口土地承包权退出问题。

5.2.2 城镇系统中农业转移人口市民化引导支持机制的设计尚未形成

城镇的收入水平、良好的公共服务以及城镇建设中展现的现代文明是吸引农民进城落户的因素。城镇政府要做好农业转移人口市民化的系统规划，加强城镇引导支持机制建设，让农民能够从农业领域中退出来，能够在城镇中融进去，并且能在城镇发展中留下来。首先，城镇要做好加快农业转移人口市民化政策的顶层设计。“十四五”时期，各级地方政府应该做好农业转移人口市民化的规划，制定《加快农业转移人口市民化引导支持意见》，明确农业转移人口市民化的指导思想、根本原则、目标任务、重点环节和主要措施，引导支持农业转移人口市民化进程。将加快农业转移人口市民化作为扩大内需的有力支撑、构建新发展格局的重要载体、促进共同富裕的有效途径。其次，将农业转移人口视作城镇一个相对贫困群体提出治理方案。2020 年农村绝对贫困已经消灭，此后进入相对贫困识别和治理阶段。在此阶段，需要同时考虑城镇的相对贫困问题，做到城乡相对贫困协同治理。相较于老市民，进城落户的农民工普遍存在住房条件较差、就业不稳定、子女上学困难、医疗和养老保障水平较低的问题，是城镇相对贫困群体重要组成部分，因此解决好这部分群体生活生产问题是治理城市相对贫困的重要内容。这同时会产生示范作用，树立就业稳定、居住良好、保障健全的新市民群体形象，将会吸引更多农业转移人口退地进城落户。最后，建立城乡住房置换补贴市场。城镇住房是农业转移人口市民化最大的一笔支出。由于住房问题是市场化问题，所以完全可以用市场化手段去引导解决。将进城农民在农村拥有的农地承包权、宅基地使用权和房屋所有权以及集体经营性建设用地股份权打包成一个农业转移人口“置换补贴包”，为有条件进城落户的农业转移人口提供住房租赁置换补贴。

5.3 城乡融合型引导支持机制的设计

根据世界发达国家现代化经验，城乡融合发展是国家现代化的重要标志。党的十九大提出城乡融合发展战略，表明我国进入了社会主义现代化城乡发展新阶段。

5.3.1 城乡融合发展要求城乡土地要素受平等对待、双向流动

所谓城乡融合发展，关键是城乡劳动力、土地、资本和技术等生产要素能够流动起来，按照利益最大化原则进行优化配置，提高资源的配置效率。长期以来，我国实行的是城乡二元土地制度。城市土地是国有土地，农村土地是集体所有土地，二者性质不同、使用不同、入市价格不同。集体所有土地需要由国家征用才能进入土地交易市场，征地补偿由国家到集体再到个人，由于土地增值收益分配不公，被征地农民得到的收益较少，容易引起农地纠纷，影响了农村社会稳定。要优化承包权退出土地再分配，通过构建土地经营权流转和土地承包权退出机制，变强制性土地制度变迁为诱致性土地制度变迁，引导进城落户农户退出农地。城乡土地要素流动，一方面是农业转移人口可用土地资产置换城镇房屋和租房补贴等生产生活资金，另一方面城镇人员（包括农业转移人口）也可以下乡租赁农地进行创业，发挥城镇人员资本、人才、技术、信息、数据等资源禀赋优势，提高农地配置效率、农业劳动率和农业国际竞争力。

5.3.2 城乡土地要素流动背景下建立健全土地承包权退出市场

建立城乡土地要素融合机制，离不开土地产权交易市场。目前全国各地普遍建立了农村土地经营权流转市场，有力地促进了农地流转，相关资料表明，全国有1/3以上农地已经流转，其中东部发达沿海地区农地流转已达2/3。农村集体经营性建设用地市场正在形成，集体经营性建设用地与国有土地同样入市，做到了同股、同权、同价。但是还没有农业转移人口土地承包权退出市场。从农村改革试验区情况看，农业转移人口土地退出补偿价格的确定，是在当地政府指导下，按照土地产值并适当考虑承包期限制定的价格，不是市场价格。由此，进城落户农户得到的农地退出补偿是较少的，普遍在4万元/亩，这比百万元以上的国有土地出让价格少很多，也比重庆地票交易10万元/亩要少。所以为适应分摊农业转移人口进城成本负担的需要，要探索建立土地承包权退出市场，用市场化手段解决农业转移人口农地退出补偿问题。这样做的正反馈效应是：一是会提高农业转移人口农地退出经济补偿价格。在全省甚至跨省建立土地承包权退出市场，会增加农地需求主体，增加需求方，有利于农地增值，会给农业转移人口带来新的土地增值收益，助力加快农业转移人口市民化。二是会减少当地政府的财政负担。从目前试验区看，因各地农村集体经济组织经济实力普遍不强，农业转移人口土地承包权退出经济补偿几乎由政府财政完全承担下来，这种退出补偿方式不具有可持续性。农业转移人口的农地退

出是市场化退出，退与不退和补偿多少出于市场参与主体的理性决策，应该让参与主体在土地承包权退出市场上进行选择，这样做不仅减少了政府负担，而且能够减少农地退出纠纷。三是建立土地承包权退出市场风险防范机制。应该明确的是，土地承包权退出市场并没有改变农村土地集体所有性质，农地集体所有没有变。为了防止部分失地农民生活无着落，对于进入土地承包权退出市场的农地要进行严格监管，只有符合一定条件的如在城镇有稳定居所和就业的农户才能进场。建立土地承包权交易风险识别、风险管控、风险处理机制，补上我国土地产权保护交易市场的空白。

5.3.3 构筑共建共享型城乡土地融合发展引导支持机制

新时期是共建共享的时期，也是城乡共同繁荣发展的时期。要以打破城乡二元土地结构为引领，让城乡居民共同发展、共同富裕、共享经济发展成果。首先建立农业转移人口进城落户数量与城市建设用地指标相挂钩的机制。加快农业转移人口市民化，让新市民与老市民同等享受住房、教育、医疗、养老等公共服务，是推进新型城镇化和解决城市相对贫困问题的重点所在。回归分析表明，每吸纳 1 万个非农劳动力就业需占地 74 公顷。在城乡接合部和城中村、新城区和农村新社区等地，按照农业转移人口退出农村土地指标，增加城镇建设用地指标，切实改善进城落户农户居住条件。其次建立农业转移人口市民化数量与财政转移支持基础设施建设相挂钩的机制。农业转移人口多的城市，除了居民住房需要土地，基础设施建设也需要土地，产业项目也需要土地。政府财政资金要加大对公共设施建设的投入和城市扶贫项目的扶持力度，在土地出让收入分配等方面予以倾斜。最后建立农业转移人口数量与土地制度改革政绩考核相衔接机制。在农村，重点考核农村集体土地产权改革情况，包括农村集体经营性建设用地入地情况，农村宅基地所有权、资格权、使用权分置情况，城镇乡村建设用地增减挂钩情况，农村土地经营权流转情况等；在城镇，重点考核农业转移人口居住情况，财政对城镇公共设施投入情况，财政金融资金对产业特别是第三产业引领情况以及土地出让收入用于农业转移人口社会保障和社会福利情况。政府要做好农业转移人口城乡土地一元化改革顶层设计和系统安排，推动乡村全面振兴和新型城镇化的协调发展，打造城乡命运共同体。

5.4 本章小结

引导支持农业转移人口有偿退出土地承包权，需要从两个方面进行激励：一是从农业内部，关键是给予农业转移人口充分合理的经济补偿；二是从农村外部，主要依靠城镇福利效应的吸引，稳定的就业、住房、户籍以及城镇教育、医疗和养老等基本服务对农业转移人口有较大的吸引力。党的十八大以来，以人为核心的新型城镇化加快推进，农业转移人口城镇住房、就业等状况得到了较好的改善，2024 年中央经济工作会议又再次强调，要把农业转移人口市民化摆在更加突出位置，加快新型城镇化步伐，扩大内需，拉动消费，推进中国式现代化。由于没有土地承包权退出机制，农业转移人口带地进城，造成城镇化质量不高。同时由于缺乏财力，城镇在保障房供给和基本公共服务提供上成本较高，城镇接纳农业转移人口积极性不高。为此，要抓住新型城镇化的机遇，对农业转移人口全面融入城镇进行总体设计。系统谋划住房、就业、教育等问题，给进城农户和原市民同样的待遇。重点加强县城城镇化建设，大力提升县城城镇化水平，满足农业转移人口优先进入县城的需要，把符合条件的县城农业转移人口全部纳入保障房政策范围，建立教育和医疗紧密型共同体，发展壮大县城产业，稳定农业转移人口在县城内就业，加快县城农业转移人口市民化步伐。

6 粮食适度规模经营体土地流转合理价格影响因素分析：收益还原法

党的十九大报告要求，“确保国家粮食安全，把中国人的饭碗牢牢端在自己手中”。为了扎实推进新型农业经营主体培育工作，2017 年和 2019 年，中共中央办公厅、国务院办公厅分别出台了《关于加快构建政策体系培育新型农业经营主体的意见》和《关于促进小农户和现代农业发展有机衔接的意见》。2020 年 3 月 3 日农业农村部出台《新型农业经营主体和服务主体高质量发展规划（2020—2022 年）》，明确要求，“当前，我国经济已由高速增长阶段转向高质量发展阶段，守住‘三农’战略后院，发挥好压舱石和稳定器作用，必须大力推动农业高质量发展。新型农业经营主体在推动农业高质量发展中面临重大机遇”。这为我国新型农业经营主体今后五年高质量发展确定了目标方向，为稳定我国粮食生产做出了新的部署。截至 2019 年年底，我国家庭农场超过 70 万家，全国依法登记的农民合作社达到 220.1 万家。粮食适度规模经营体粮食产量已经占我国全部粮食产量的 40%。粮食适度规模经营体在破解谁来种地难题、提升农业生产经营效率等方面发挥着越来越重要的作用。在推进粮食适度规模经营体高质量发展进程中，需要认真研究农村土地流转价格影响因素问题，因为这是制约粮食适度规模经营体高质量发展的关键要素。科学、合理、稳定的农村土地流转价格，对于提高粮食适度规模经营体粮食产量、增加农民收入、保障新形势下国家粮食安全，具有十分重要的现实意义。

6.1 文献综述

英国古典政治经济学创始人威廉·配第是国外最早提出地租理论的人。1662 年他在所撰写的《赋税论》中，首次提出地租是土地上生产农作物所得的剩余收入，“是土地耕种者的收获除去成本之后的剩余”。百年以后，英国古典政治经济学代表大卫·李嘉图认为，地租的形成及其水平的高低主要受土地质量、供求关系及资本积累数量的影响。李嘉图主张差额地租论，为级差地租论的形成奠定了重要基础。马克思在批判古典政治经济学地租地价理论的基础上创新了地租理论，认为地租产生的根源在于资本主义土地所有权和经营权的私人垄断，私有家庭对土地具有实际上的占有权和使用权是产生地租的重要前提。地租是土地所有权利在经济上的实现，是土地所有者能因此获得的剩余价值。地租由绝对地租和级差地租两部分构成，是土地使用者按契约规定支付给土地所有者的土地使用补偿。进入 20 世纪后，以阿尔弗雷德·马歇尔为代表的新古典经济学地租论逐渐盛行。新古典经济学认为土地需求价格取决于土地的边际收益产量，地租主要是由土地需要价格决定的，马歇尔运用边际理论对地租问题进行了深入分析。西方的地租理论存在诸如对宏观经济环境考虑不够等问题，但从古典经济学地租理论到新古典经济学地租理论，都强调土地收益是地租的决定性影响因素，对当今我国农村土地流转合理定价有重要参考意义。马克思关于土地所有者获得的是剩余价值的学说，以及土地使用者按契约规定支付给土地所有者土地使用补偿的学说，对于在新型农业经营体高质量发展视域下开展合理的土地流转价格测度，具有根本的指导意义。

国内学者对农村土地流转价格影响因素的研究呈现增多的趋势。国内学者们对农村土地经营权流转价格的研究经历了由无价到单一经济价值评估，再由经济价值评估扩展到社会价值、生态价值等综合价值评估的发展历程，近期还有学者提出农村土地具有发展权价值的观点。喻瑶、建南、金萍（2009）的研究显示，以马克思土地价格理论与劳动价值论为理论基础，从地价的构成上来分析，土地价格具有二元性，即虚幻性和真实性。虚幻性是由于土地物质本身无价值，而真实性则是由土地资本个别劳动决定的。穆松林等（2011）通过实证分析认为，农村土地经营权的流转价值除了经济价值外，还包括社会价值及流转修正价值。来阳等（2013）认为，土地经营权流转价值除了包括土地经营权的流转价格外，还包括生态系统价值和社会保障价值等。朱天龙、吕君（2014）研究表明，长期以来，传统经济学对土地价值的认识仅停留在单纯的经济价值上，而未考虑土地所拥有的景观功能、生态功能以及社会价值与生态价值等。张仕超等（2014）进一步研究认为，农村土地价值包括经济价值、社会价值、生态价值、发展权价值和国家粮食安全价值等众多价值。

上述学者往往是从保护广大小农户的视域研究土地流转的合理价格，考虑的影响因素很多，为农村土地流转价格日益上涨提供了理论根据。从维护广大农民收益、增加农民收入、保护土地流出方利益方面看，这种理论主张无疑是正确的。但也有学者提出了不同的看法，张晓娟、庞守林（2016）研究认为，真正影响土地经营权流转进程、对土地经营权流转起决定性作用的还是土地经营权流转价值。农村土地经营权流转价值的构成是价值评估的核心。也就是说，决定农村土地流转价格的主要因素还是经济价值，即从粮食适度规模经营体流转土地意愿看，它最关注的是每亩地的纯粮食收益是多少，在此基础上打个折扣后将剩余的粮食纯收益给土地出让小农户，如此确定的就是科学合理的农村土地流转价格。目前，粮食适度规模经营体在维护未来我国粮食安全中地位突出，必须切实关注其土地流转价格问题，不能让许多本该由政府和社会负担的费用，完全由其承担。应该比照中小微企业扶持政策，通过财政补贴和金融优惠等形式，大幅度降低粮食适度规模经营者土地流转费用，调动他们生产粮食的积极性，为推动新型农业经营主体高质量发展提供可靠的政策保障。目前把农村土地流转价格放在新型农业经营体高质量发展背景下的研究还较为鲜有。本部分利用收益还原法，构建流入方视域下的农村土地流转合理价格模型，用东北地区（黑龙江省）、东部地区（浙江省）、中部地区（湖南省）和西部地区（四川省）2008—2016 年粮食效益数据测算出农村土地流转合理价格，为推动新型农业经营体高质量发展提供对策建议。

6.2　马克思地租地价理论

粮田是指种植粮食作物的耕地。粮田流转是指在粮田所有权归农村集体所有、承包权归农民所有的情况下，粮田的经营权发生了转移，由承包者让渡给经营者。粮田经营权的转移，有可能导致粮田用途转变，即流转后的粮田不再种粮，而是演变为蔬菜地、苗圃、花卉基地、鱼塘和果园等。对于粮田流转“非粮化”问题，流转价格过高是一个极其重要的影响因素。政府要在粮田流转价格形成中更好地发挥作用，在地租理论指导下，形成一个转出方和转入方都能接受的标准价格，以抑制粮田“非粮化”问题上升势头，切实维护国家粮食安全。粮田流转标准价格的形成，离不开地租理论的指导。马克思主义地租理论是建立在科学的劳动价值论、生产价格论和剩余价值论基础上的，是对古典政治经济学地租理论的继承和批判，赋予了地租理论崭新的内容。马克思地租理论不仅有重要的理论价值，更具有较强的实践价值，理应成为制定我国粮田流转标准价格的根本遵循。

6.2.1　绝对地租理论

在马克思看来，土地这种商品与劳动力商品一样具有特殊性，是先有价格后有价值。如果土地没有开发，土地就没有价值，它只有“虚幻”的价值，这就是土地的无形价值，包括土地的生态价值和社会价值。由于土地的稀缺性、垄断性和地租的产生，“虚幻”价值的土地才有价格。我国农村耕地资源有限，粮田耕地资源更为宝贵，理应重视无形价值在租金中的地位。过去，在粮田流转中，很少考虑粮田的生态价值和社会价值，在粮田流转价格测算中，也几乎不算这部分价值，导致粮田流转价格过低，出现粮田被弃耕、抛荒，粮田生态环境被破坏的不利后果。

马克思认为，土地所有权的存在是产生地租的前提条件，地租是与一定所有权相关联的。“地租是土地所有者凭借土地所有权从土地经营者那里获取的收入，是由劳动者创造的剩余价值。”“在任何情况下，这个由价值超过生产价格的余额产生的绝对地租，都只是农业剩余价值的一部分，都只是这个剩余价值到地租的转化，都只是土地所有者对这个剩余价值的攫取。”地租是“土地所有权在经济上借以实现其增值的形式”。土地所有权的垄断是产生绝对地租的重要原因之一。在绝对地租的场合，如果最坏的土地不提供地租，就不可能让人耕种，因此，“土地所有权本身已经产生地租”。在“三权分置”条件下，粮田流转价格是指拥有土地承包权的农民凭借承包权从土地经营者处取得的租金。这部分租金是考虑到粮田的稀缺性和垄断性产生的，就是绝对地租。

此外，农业资本有机构成低于社会平均有机资本构成，也是绝对地租产生的重要原因之一。在剩余价值率大体相同的条件下，“农业上一定量的资本，同有社会平均构成的同等数量的资本相比，会生产较多的剩余价值”。这样，农业与工业相比较，会产生超额利润。超额利润并不能很快平均化，因为农村土地存在垄断性，所以一旦农业超额利润形成，会在较长时间内得到保留，进而形成绝对地租。如果农业资本的平均有机构成等于或高于社会平均的资本有机构成，这时，“上述意义上的绝对地租，也就是既和级差地租不同，又和以真正垄断价格为基础的地租不同的地租就会消失”。但在这种情况下，只要土地所有权的垄断仍然存在，只要土地所有权与经营权仍然分离，那么绝对地租仍然存在。绝对地租“简单地说，只能来自垄断价格”。马克思认为：“如果在一个国家，农业资本的构成与非农业资本的平均构成相等……在这种场合，农产品的价值就会同它的费用价格相等。这样一来，土地所有者只好自己耕种这些土地，或在租金的名义下，把他的租佃者的一部分利润甚至一部分工资刮走。一个国家可能发生这种情况。”

6.2.2　级差地租理论

马克思按级差地租形成的不同条件，将级差地租分为两种形式：级差地租第一形态（即级差地租Ⅰ）和级差地租第二形态（即级差地租Ⅱ）。由土地自然条件所决定的级差地租，马克思称之为级差地租Ⅰ，是指土地经营者利用肥沃程度和位置较好的土地所创造的超额利润转化而来的地租，它与土地肥沃程度的差别和土地位置的差别密切相关；由在土地上投资收益差别产生的地租，马克思称之为级差地租Ⅱ，它主要是由在一块土地上连续投资产生的不同收益所决定的，由各次投资的生产率不同而产生的超额利润即转化为地租。

级差地租Ⅰ是级差地租Ⅱ的前提和基础。就级差地租Ⅰ和级差地租Ⅱ的联系来讲，实质都是剩余价值，都来源于土地经营者的超额利润。马克思认为：级差地租形成的自然基础是土地的差异性。但是，“自然力不是超额利润的源泉，而只是超额利润的一种自然基础，因为它是特别高的生产劳动力的自然基础”。级差地租的测定依据是土地级差收益。级差地租与土地等级相联系，土地等级不同，土地收益便不同，因此地租额不同。在市场上的表现就是由农产品的个别生产价格低于社会生产价格的差额所产生的超额利润。这些级差地租超额利润也可以被称为垄断利润，是土地经营者凭借对较优土地的经营权垄断而产生的利润。从这一点上看，级差地租的产生又与绝对地租有相似的地方，都是凭借土地权利产生垄断利润，实现土地权利的经济增值。只不过绝对地租产生于土地所有权，级差地租产生于土地使用权而已。级差地租“不是产生于所有资本或这个资本所占劳动的生产力的绝对增加”，而“总是产生于支配着一种被垄断的自然力的个别资本的个别生产价格和投入该生产部门的一般资本的一般生产价格之间的差额”，由此可见级差地租的形成与自然基础上的所有权和经营权的垄断密切相关。

6.2.3 马克思主义地租地价理论对粮田流转价格形成的理论价值和实践价值

地租是权利的产物，而权利产生于一定的社会条件下的生产方式和生产关系。马克思主要从资本主义社会关系的角度出发，对绝对地租和级差地租进行了研究，认为土地所有权的存在，是超额利润转化成地租的根本原因所在。在社会主义制度下，城市土地国家所有，农村土地集体所有，农民拥有农村土地的承包权。党的十八届三中全会明确了农村土地承包权可以与经营权分离，进一步强化了承包权的物权性质，农民有权凭借对承包权物权收取让渡土地经营权的租金，它是农民转让土地使用权、经营权和收益权的收益。与古典政治经济学和现代西方经济学的地租地价理论相比，马克思地租理论理适合我国社会主义制度的国情，具有明显的优点，不仅具有重要的理论价值，而且具有重要的实践价值，因此，要以马克思的地租理论为指导，科学制定农村土地流转价格。

以马克思地租理论为基础构建“三权分置”下农村土地流转价格模型：第一年农村土地流转价格＝第一年地租＝绝对地租＋级差地租＝农产品社会价值－个别生产价格。其中，绝对地租＝农产品社会价值（即劣等土地上的平均价值）－农产品社会生产价格；级差地租＝农产品社会生产价格－个别生产价格。以马克思地租理论为指导从实践上构建“三权分置”下农村土地流转指导价格模型：第一年的农村土地流转价格＝第一年的地租＝土地年纯收益＝土地经营收入－生产费用－税金－经营者应得利润。土地经营收入为土地近三年的平均收入，经营者应得利润为总资本乘以社会平均利润率。

6.3 合理价格的内涵界定

农业农村部制定《新型农业经营主体和服务主体高质量发展规划》，是基于破解“未来谁来种地”问题的迫切需要。正如《新型农业经营主体和服务主体高质量发展规划（2020—2022年）》指出的那样，“随着新型工业化、信息化、城镇化进程加快，农村劳动力大量进入城镇就业，农村2亿多承包户就业和经营状态不断发生变化，‘未来谁来种地，怎样种好地’问题日益凸显。家庭农场、农民合作社、农业社会化服务组织等各类新型农业经营主体和服务主体根植农业和农村，服务于农户和农业，在破解谁来种地难题、提升农业生产经营效率等方面发挥越来越重要的作用”。实践证明，土地流转和适度规模经营有利于优化土地资源配置和提高劳动生产率，有利于促进农业技术的推广和改善，有利于稳定粮食生产和增加农民收入。应从新形势下切实维护国家粮食安全出发，积极推进粮食适度规模经营体的高质量发展。从农村土地流转后的用途划分，农村土地流转分为用途改变的流转，如流转后改为商业用途等，和用途不变的流转，如始终用于农业用途。如果再细分下去，基于用途不变的农村土地流转，又可以分为流转后继续种植粮食的农业用途流转和不再种植粮食而转为种植蔬菜、果树、中药材等“非粮化”的农业用途流转。

本部分研究的农村土地流转价格问题，是指农村土地流转后种植粮食的土地流转价格问题。马克思主义的地租理论表明，土地价格是资本化了的地租，地租是土地价格形成的基础。农村土地以其纯收益能力为地租的基础。从国内研究农村土地流转价格的学者观点看，土地生产力、生产成本、利用方式因地而异，因而土地纯收益会有较大不同。由于依法转让农村土地的案例较少，运用市场比较法和长期趋势法研究土地流转价格较为困难。通常用收益还原法先求地价，以此为基础再测算出农村土地流转合理价格。综合以上因素，所谓新型农业经营体（在本部分指粮食适度规模经营体）高质量发展视域下农村土地流转合理价格，是指由农村土地粮食纯收益、土地还原率和农村土地流转期限共同决定的农村土地流转均衡价格，也可以称作粮田流转标准价格，在日本又叫粮食农业核算价格。它与一般的农村土地流转价格既有联系，又有重要的区别。从联系看，粮田流转标准价格是农村土地流转价格体系中的重要组成部分，具备农村土地流转价格的共性。从区别看，这种粮田流转标准价格在测算时只考虑土地粮食经济价值，不考虑依附在农村土地上的其他价值，如社会保障价值、农民发展价值和土地生态价值等，是一种纯粹的生产价格，是基于粮食适度规模经营体方考虑的农村土地合理流转价格，它与基于流出方测算的农村土地流转价格有着根本的区别。

作为农村土地流出方的小农户，以社会安全最大化为原则流出土地，现阶段，在农村社会保障体系不健全的情况下，流出方流转农村土地不仅要考虑经济利益，还要考虑通货膨胀、供求关系、社会保障、子女上学就业、土地可持续利用，也就是要考虑农村土地的社会保障价值、教育就业价值和生态保护价值和个人发展价值等。从流出方看，考虑过多的农村土地经济价值、社会保障价值和生态价值，必然导致流出土地意愿价格高出单纯考虑经济价值的流入土地意愿价格。而作为农村土地流入方的粮食适度规模经营者，以经济利润最大化为原则，以社会平均利润率为底线流转农村土地，考虑的是农村土地的经济价值，不会过多考虑土地的社会保障价值、生态价值以及发展价值等其他土地价值，因此对于粮食规模经营主体来说，影响农村土地流转价格的因素越少越好，流转土地的成本越低越好，最好只有粮食生产纯收益、土地还原率和流转期限三个主要因素。其模型如下：

$$P^{*} = r/i[1-1/(1+i)^{n}]$$

其中，P^{*} 为粮食规模经营体认可的农村土地流转价格，r 为土地年预期净收益额，n 为土地承包年限，i 为土地还原率，土地还原率一般可以参考同期银行贷款利率和区域土地风险利率确定。从维护国家粮食安全、促进粮食适度规模经营体高质量发展角度出发，应该由国家更多承担农村土地的社会保障价值和生态价值，粮食适度规模经营体只承担土地经济价值成本，如此就会较大幅度降低农村土地流转成本，保护粮食适度规模经营体生产粮食的积极性，进而稳定国家粮食生产。

6.4 合理价格影响因素分析及测算

本部分数据来源于《全国农产品成本收益资料汇编》（2009—2017）、《中国金融年鉴》（2009—2017）以及农业部发布《全国农业可持续发展规划（2015—2030年）》等。选取黑龙江省（代表东北地区）、浙江省（代表东部地区）、湖南省（代表中部地区）、四川省（代表西部地区）为样板例证。

6.4.1 四省份农村土地粮作纯收益

四省份农村土地粮作纯收益如表 6-1 所示。

表 6-1 2008—2016 年黑龙江省、浙江省、湖南省、四川省土地粮作纯收益

单位：元/亩

年份	2008	2009	2010	2011	2012	2013	2014	2015	2016
黑龙江	137.82	252.12	451.04	400.31	302.45	218.10	326.92	260.24	270.30
浙江	552.27	551.55	515.38	736.17	554.6	446.69	420.04	187.86	324.74
湖南	377.56	307.21	340.75	466.29	424.31	141.58	257.27	276.70	105.17
四川	235.36	113.63	168.44	155.76	88.93	−26.17	3.25	−124.96	162.74

资料来源：根据以下文献整理计算：国家发展和改革委员会价格司．全国农产品成本收益资料汇编［M］．北京：中国统计出版社，2009—2017.

6.4.2 土地还原率

土地还原率＝无风险报酬率＋风险报酬率

（1）土地无风险报酬率（银行同期存款利率）

（2）土地风险报酬率

土地投资风险主要包括自然灾害风险、区域社会经济发展风险和农村土地流转市场风险。我国农业可划为三大区域：优化发展区、适度发展区和保护发展区。优化发展区包括东北区、黄淮海区、长江中下游区和华南区；适度发展区包括西北及长城沿线区、西南区；保护发展区包括青藏区和海洋渔业区。各区域包含省份或地区见表 6-2。一般讲，经济发展较快的地区，社会经济发展风险较强，沿海一带经济发展风险强，东北地区和中西部地区依次减弱。在我国东部地区一般采取 4%作为风险调整综合值，东北地区为 3%，中西部地区又次之。结合各省份和地区风险调整综合重要度，在 4%的水平基础上予以修正，得到各地区平均风险调整值（表 6-3），最终得到各区域农村土地还原率（土地风险报酬率加上同期银行存款利率）（表 6-4）。

表 6-2 中国农业可持续发展分区范围

序号	分区	包含地区及省份
1	东北区	黑龙江、吉林、辽宁、内蒙古东部
2	黄淮海区	北京、天津、河北中南部、河南、山东、安徽、江苏北部
3	长江中下游区	江西、浙江、上海、江苏、安徽中南部、湖北、湖南大部

（续）

序号	分区	包含地区及省份
4	华南区	福建、广东、海南
5	西北及长城沿线区	新疆、宁夏、甘肃大部、山西、陕西中北部、内蒙古中西部、河北北部
6	西南区	广西、贵州、重庆、陕西南部、四川东部、云南大部、湖北、湖南西部
7	青藏区	西藏、青海、甘肃藏区、四川西部、云南西北部
8	海洋渔业区	我国管辖海域

资料来源：《全国农业可持续发展规划（2015—2030 年）》（农计发〔2015〕145 号）。

表 6－3　四个地区土地风险报酬率的确定

省份	自然灾害风险						经济社会发展风险	转让市场风险	综合风险重要度	区域平均风险调整值
	灾害	旱灾	洪涝灾害	低温灾害	风雹	台风	综合重要度			
	权重	0.5	0.2	0.1	0.1	0.1				
黑龙江					1		0.1	0.6	0.6	0.4	1.73
浙江						1	0.1	1	1	0.7	2.8
湖南			1				0.2	0.6	0.6	0.5	1.87
四川							0	0.2	0.2	0.1	0.4

表 6－4　2008—2016 年黑龙江、浙江、湖南、四川农村土地还原率

（土地风险报酬率加上同期银行存款利率）（%）

年份	2008	2009	2010	2011	2012	2013	2014	2015	2016
黑龙江	5.6	5.33	4.23	4.73	4.98	4.73	4.48	3.98	3.23
浙江	6.67	6.4	5.3	5.8	6.05	5.8	5.55	5.05	4.3
湖南	5.74	5.47	4.37	4.87	5.12	4.87	4.62	4.12	3.37
四川	4.27	4	2.9	3.4	3.63	3.4	3.15	3.65	1.9

6.4.3　粮食适度规模经营体农村土地流转合理价格测度

将四个省份 2008—2016 年粮作纯收益、农村土地还原率和流转期限代入收益还原法模型中，以流转期限 1 年为假设，就能得到流入方农村土地流转合理价格具体数据（表 6－5）。

表 6-5　四个地区 2008—2016 年粮食适度规模经营体农村土地流转合理价格测度

黑龙江省	亩均纯收益 r（元/亩）	银行存款利率 j（%）	区域风险利率修正 f（%）	土地还原率 $i=j+f$（%）	土地承包权转让价格 r/i（元/亩）	土地流转合理价格 $(r/i)[1-1/(1+i)]$（元/亩）
2008 年	137.82	3.87	1.73	5.6	2 461.07	130.44
2009 年	252.12	3.6	1.73	5.33	4 730.21	239.35
2010 年	451.04	2.5	1.73	4.23	10 662.88	432.91
2011 年	400.31	3.0	1.73	4.73	8 463.21	382.54
2012 年	302.45	3.25	1.73	4.98	6 073.29	287.87
2013 年	218.10	3	1.73	4.73	4 610.99	208.42
2014 年	326.92	2.75	1.73	4.48	7 297.32	313.06
2015 年	260.24	2.25	1.73	3.98	6 538.69	250.43
2016 年	270.30	1.5	1.73	3.23	8 368.42	261.93
浙江省	亩均纯收益 r（元/亩）	银行存款利率 j（%）	区域风险利率修正 f（%）	土地还原率 $i=j+f$（%）	土地承包权转让价格 r/i（元/亩）	土地流转合理价格 $(r/i)[1-1/(1+i)]$（元/亩）
2008 年	552.27	3.87	2.80	6.67	8 279.91	517.49
2009 年	551.55	3.6	2.80	6.4	8 617.97	518.80
2010 年	515.38	2.5	2.80	5.3	9 724.15	489.12
2011 年	736.17	3.0	2.80	5.8	12 692.58	695.55
2012 年	554.6	3.25	2.80	6.05	9 166.94	523.43
2013 年	446.69	3	2.80	5.80	7 701.55	422.05
2014 年	420.04	2.75	2.80	5.55	7 568.28	398.09
2015 年	187.86	2.25	2.80	5.05	3 720	178.56
2016 年	324.74	1.5	2.80	4.3	7 552.09	311.15
湖南省	亩均纯收益 r（元/亩）	银行存款利率 j（%）	区域风险利率修正 f（%）	土地还原率 $i=j+f$（%）	土地承包权转让价格 r/i（元/亩）	土地流转合理价格 $(r/i)[1-1/(1+i)]$（元/亩）
2008 年	399.12	3.87	1.87	5.74	6 953.31	377.56
2009 年	323.79	3.6	1.87	5.47	5 919.38	307.21

（续）

湖南省	亩均纯收益 r（元/亩）	银行存款利率 j（%）	区域风险利率修正 f（%）	土地还原率 $i=j+f$（%）	土地承包权转让价格 r/i（元/亩）	土地流转合理价格 $(r/i)[1-1/(1+i)]$（元/亩）
2010年	355.39	2.5	1.87	4.37	8 132.49	340.75
2011年	489.40	3.0	1.87	4.87	10 049.28	466.29
2012年	446.09	3.25	1.87	5.12	8 712.70	424.31
2013年	148.6	3	1.87	4.87	3 051.33	141.58
2014年	268.91	2.75	1.87	4.62	5 820.56	257.27
2015年	287.88	2.25	1.87	4.12	6 987.38	276.70
2016年	108.72	1.5	1.87	3.37	3 226.11	105.17
四川省	亩均纯收益 r（元/亩）	银行存款利率 j（%）	区域风险利率修正 f（%）	土地还原率 $i=j+f$（%）	土地承包权转让价格 r/i（元/亩）	土地流转合理价格 $(r/i)[1-1/(1+i)]$（元/亩）
2008年	235.36	3.87	0.4	4.27	5 511.94	230
2009年	113.63	3.6	0.4	4.0	2 840.75	112
2010年	168.44	2.5	0.4	2.9	5 808.27	164
2011年	155.76	3.0	0.4	3.40	4 581.18	151
2012年	88.93	3.25	0.4	3.65	2 436.44	86
2013年	−126.17	3	0.4	3.40	—	—
2014年	3.25	2.75	0.4	3.15	103.17	3.14
2015年	−124.96	2.25	0.4	2.65	—	—
2016年	162.74	1.5	0.4	1.9	8 565.26	160

从上述分析中可知，在作为国家粮食生产大省的黑龙江省，新型农业经营体流转农村土地后，如果不将土地转变为“非农业”用途，也不“非粮化”用地，只种植粮食，那么黑龙江省2008—2016年农村土地合理流转价格平均值是279元；浙江省2008—2016年农村土地合理流转价格平均值是450元；湖南省2008—2016年农村土地合理流转价格平均值是300元；四川省2008—2016年农村土地合理流转价格平均值是129元。而从实际田野调查情况看，当前各地用于粮食种植的农村土地流转价格普遍高于这个平均价格，其中，东北地区平均流转价格大约为500元，东部地区大约为800元，中部地区大约为

600 元，西部地区也接近 400 元，如果农村土地流转后用于经济作物种植，流转价格就更高，如江苏省平均为 1 000 元以上。随着农业生产成本逐年上升，每亩粮食纯收益在不断减少，农村土地流转价格居高不下，正成为粮食适度规模经营体高质量发展的重要成本制约因素。

6.5 本章小结

稳定粮食生产是当前农业生产的头等大事，事关国家粮食安全。在此背景下，2020 年 3 月 3 日农业农村部出台《新型农业经营主体和服务主体高质量发展规划（2020—2022 年）》，推动新型农业经营体和服务主体高质量发展具有了现实意义和紧迫性。作为新型农业经营体的重要组成部分，粮食适度规模经营体也要推进高质量发展。其中，农村土地流转价格是制约粮食适度规模经营体高质量发展的关键因素。采用收益还原法，利用 2008—2016 年相关数据分析发现，东北地区、东部地区和广大中西部地区实际土地流转价格都高于土地流转标准价格，东北大约高出 200 元，东部地区大约高出 350 元，中部地区大约高出 300 元，西部地区大约高出 250 元。之所以会出现土地实际流转价格远高于标准价格的情况，主要原因是农村土地流转价格的影响因素太多，如土地养老职能、土地子女发展功能等。随着我国社会养老体系的完善、国家对教育加大投入，以及农村土地整治的大规模进行，依附在农村土地上的社会职能、发展职能和生态职能等会被逐渐剥离出去，农村土地最终会回归它的经济职能，粮食纯收益、土地还原率和农村土地流转期限是影响农村土地流转合理价格的主要因素。

从推进粮食适度规模经营体高质量发展方面，提出三条政策建议。一是政府要对粮食适度规模经营体实施新的扶助政策。目前我国家庭农场超过 70 万家，全国依法登记的农民合作社达到 220.1 万家。粮食适度规模经营体粮食产量已经占我国全部粮食产量的 40%。受新冠疫情影响，粮食适度规模经营体粮食产量和收入都有损失。国家应该像扶助中小微企业那样，出台精准的粮食适度规模经营体扶持政策，帮助降低土地流转费用。二是政府可以开发农村公益岗位，通过购买政府服务方式，间接降低农村土地流转费用。粮食适度规模经营体由于规模较大和产量较大，迫切需要精细化经营管理，以达到盈利目的，因此很需要会计和电商人才，但目前没有自己雇佣的经济实力。政府可以开发这个公益岗位，吸引大学生到农村，从节本增效两个方面增加粮食适度规模经营体经济效益，间接降低土地流转费用。三是实施最优惠土地贷款利率政策。粮食适度规模经营体高质量发展离不开金融业的大力扶持。目前存在贷款难、利率高的问题，严重制约了粮食适度规模经营体做大做强。针对第二轮农村土地承包到期后再延长30年的实际，金融业可以探索农村土地40年贷款的期限，以最优惠利率（如1%～3%）对粮食适度规模经营体实施贷款，如此会大幅度降低农村土地流转成本。粮食适度规模经营体经济利润显著提高，能稳定国家粮食生产，增加农民收入，吸引人才到农村去，这是促进乡村振兴战略实施和扩大国内需求的一个突破口和着力点。

7 基于收益还原法测算的农村土地流转价格：以东北三省粮食主产区为例

稳定粮食生产是我们建设农业强国的头等大事。从长期看，受耕地面积和淡水等资源禀赋短缺影响，加之国内居民消费需求快速升级，我国粮食供求处于紧平衡状态，稳定国家粮食生产，开展农业适度规模经营是必然趋势，粮食适度规模经营体正在成为稳定国家粮食生产的骨干力量。与一般小农户的种植成本相比，粮食适度规模经营体增加了一个土地流转成本，且农村土地流转成本正在成为制约粮食适度规模经营体可持续发展的关键因素。农村土地承包经营权流转定价问题是制约农村土地流转的关键性问题。研究该问题，对促进农村土地承包经营权流转具有重要的现实意义（郭翔宇、王颜齐，2012）。对农村土地流转价格的主要组成要素，学界争议还是比较大的。以马克思地租理论为指导研究农村土地流转价格决定因素是主流。地租是农村土地流转价格的基础。月收益现值法求得的是流转土地净收益，其数额主要取决于土地净收益（张青、袁铖，2013）。农户主要根据流转土地一般因素、区位因素和个别因素给出沅转价格（刘鹏，2017）。总体上，学者们认同土地经营权流转价值是形成土地经营权流转价格的基础。学者们对农村土地经营权流转价值的研究经历了由无价到单一经济价值评估，再由经济价值评估扩展到社会价值、生态价值等综合价值评估的发展历程，因而农地流转价格主要体现为农地的经济价格、农地的社会价格和农地的生态价格（穆松林，2011；来阳，2013；朱天龙、吕君，2014；张仕超，2014；彭洁流，2018）。农村地权结构的欠缺导致了我国农民在市场经济中的弱势地位，政府指导价能促进土地公开市场规范有序流转、提升现代农业发展水平（郝宇彪、管智超，2018）。但也有学者不认同农村土地流转的多重价值以及由此形成的多种价格，用流入方作为研究对象，以黑龙江省农村固定观察点 14 个村的转入方农户为研究对象，采用相关性分析和多元回归方法分别确定单因素和多因素对流转价格的影响。研究指出，耕地粮食产量对流转价格产生显著正向影响，是影响流转价格最重要的因素（林彤，2017）。本部分研究在林彤学者研究的启发下，侧重研究适用于粮食适度规模经营体的土地（以下统称粮田）的流转价格评估问题，提出粮田流转标准价格概念，并以东北三省 2008—2016 年面板数据进行了测度（此 9 年为东北三省粮田流转价格直线上升时期，2017年开始有所下降），为鼓励扶持家庭农场和农民合作社从事粮食生产经营，进而稳定国家粮食生产提供理论支撑。

7.1 粮田流转价格快速上涨对国家粮食安全战略的影响

从实践看，现阶段我国粮田流转价格问题是影响农村土地流转规模进而影响国家粮食安全的一个重大问题。一个合理、准确、稳定的粮田流转价格，是保证粮食适度规模经营者经济效益、提高粮食生产可持续发展能力、增加我国农业国际竞争力的重要保证。但从我国粮田流转价格历史中发现，自从1984年打开粮田流转口子以来，粮田流转价格始终处于一种无序、非理性的状态。

7.1.1 2008—2016年，粮田流转价格处于过快上涨通道，损害了流入方的利益

2008—2016年粮田流转价格呈直线上升趋势，粮田流转价格单边上扬，直线上升的流转价格是造成农村耕地“非农化”“非粮化”的重要原因之一，影响了农村土地适度规模经营和国家粮食安全。2008年10月9日，党的十七届三中全会通过的《中共中央关于推进农村改革发展若干重大问题的决定》指出，要“加强土地承包经营权流转管理和服务，建立健全土地承包经营权流转市场，按照依法自愿有偿原则，允许农民以转包、出租、互换、转让、股份合作等形式流转土地承包经营权，发展多种形式的适度规模经营。有条件的地方可以发展专业大户、家庭农场、农民专业合作社等规模经营主体”。以党的十七届三中全会召开为标志，我国农村土地政策发生了较大变化，由单一稳定农户土地承包权向稳定与放活土地经营权并重转变。新政策激励了耕地流转，耕地需求逐年上升。国家统计局材料表明，2008年年底，仅有1.09亿亩土地被流转，占比8.9%，截至2016年，4.71亿亩土地被流转，占家庭承包耕地面积的比重为35.1%，粮田流转价格也逐渐上涨。全国粮田流转价格呈直线型、全面型、连续型上涨趋势（表7－1）。

表7－1 2008—2016年东北三省粮田流转平均价格一览

单位：元/亩

省份	2008年	2009年	2010年	2011年	2012年	2013年	2014年	2015年	2016年
吉林	105	230	250	380	450	500	560	670	800
黑龙江	260	273	309	325	400	435	450	440	500
辽宁	200	291	325	407	502	600	724	763	800

资料来源：根据2008—2016年《中国农村统计年鉴》、土地流转网、土地资源网和新华网等粮田流转价格数据整理。

7.1.2 2008—2016 年粮田流转价格快速上升对粮食生产安全带来的危害

2008—2016 年粮田流转价格呈直线上升趋势，直线上升的流转价格造成农村耕地“非粮化”“非农化”，影响了农村土地适度规模经营和国家粮食安全。

一方面是“非农化”问题。农村土地流转后“非农化”主要体现在发展休闲农业上。伴随我国居民收入的提高，旅游业成为国民经济重要产业。经济欠发达地区利用旅游资源优势禀赋条件，开展了生态旅游、度假旅游、民俗旅游、文化旅游和农业旅游等。由于休闲农业经济效益显著，流转农地的主体更愿意进入该领域进而导致了耕地“非农化”。休闲农业虽然带动了相关产业发展，但对耕地“非农化”的担忧声却不断传出来，如何在发展休闲农业的同时确保粮食安全成为当前急需解决的问题。每种形态的土地都有其不同的生态价值，农村土地流转后发展休闲农业可能使得农村土地特有的生态功能消失，如果将农地用于盖房，绿地变成了水泥地面，对农村土地就形成了严重的毁坏，再想复垦十分困难。

另一方面是“非粮化”问题。新型农业经营体是理性的经济人，集中农村土地不是目的，最终目的是实现规模经营效益最大化。在粮田流转价格不断上升的情况下，基于成本与效益的考虑，新型农业经营体不愿意种植经济效益较低的粮食作物，而更倾向于改种经济作物，如改种花生、蔬菜、中药材、果树等，耕地“非粮化”问题凸显，并呈现加剧趋势。王勇、陈印军、易小燕等（2012）对浙江、河北、河南、江苏、四川等省进行了农户调查。结果表明，浙江省 177 户农户原有耕地用于种植粮食作物和非粮食作物的面积比重分别为 86.6%和 13.4%，而流转后的土地用于种植粮食作物和非粮食作物的面积比重分别为 24.8%和 75.2%；河北省 179 户农户原有耕地用于种植粮食作物和非粮食作物的面积比重分别为 84.1%和 15.9%，而流转后土地用于种植粮食作物和非粮食作物的面积比重分别为 21.2%和 78.8%；四川省成都市只有不到 1/5 的流转土地在种植粮食和油料作物。山东省、江苏省和重庆市部分地区土地流转前种植粮食的比例为 76.3%、经济作物的比例为 22.6%，而流转后用于种植粮食的土地比例下降为 45.8%，种植经济作物的比例增至 25.8%。

粮田流转价格不断上涨，使得粮食适度规模经营成本越来越高，种植粮食效益越来越低甚至亏损。因此，许多地方农村土地流转后不再种植粮食，而是改种经济作物或者是发展休闲观光农业，这样做，从局部看增加了部分农民收入，但从全国看，如果普及开来，势必影响国家粮食安全，影响 14 亿中国人的生存和子孙后代的生存，切实需要高度重视。

7.2 粮田流转标准价格的内涵界定

7.2.1 内涵的界定

所谓粮田流转标准价格，是指由粮食生产纯收益、土地还原率和流转期限共同决定的农村土地流转价格，用于农村土地流转后主要种植粮食的合理流转价格评估。

粮田流转标准价格主要包括以下几个方面特征。a. 理论根据是马克思主义地租理论。马克思认为土地的自然因素、谷物的产量对地租具有决定性影响。“地租是土地所有权在经济上借以实现价值的形式。地租完全不是由地租获得者所决定，而是由他们没有参与和与他无关的社会劳动的发展所决定。”“级差地租是由于农业发展各个阶段的土地自然肥力的差别而产生的，它的产生是由于最好的土地面积有限……它的条件不过是土地等级不同。” b. 核心内容是明确土地粮食经济价格属性。在此，不考虑农村土地的社会保障价格，随着城乡一体化医疗和养老体系建设，依附在农村土地上的社会保障功能逐渐弱化；也不考虑农村土地生态价格，高标准农田建设、保护土地生态功能属于公共基础设施建设领域，利于国家粮食安全战略的可持续发展，需要国家财政加大投入力度；同时也不考虑农村土地发展权价格，农村土地财产权对于农业转移人口市民化成本分担具有重要意义，相关责任可以由国家、地方政府和村级集体组织承担下来，不能转移给粮食适度规模经营体。c. 主要评估方法是收益还原法。由于依法转让农村土地的案例较少，运用市场比较法和长期趋势法困难，通常用收益还原法求地价，然后再反过来求地租。以农村土地粮食收益能力为价格确定基础，土壤肥力、地理位置是两个决定性因素。相关自然环境因素主要包括土地自然肥力、保水能力、土地区位因素等，具体体现为：地下水水位、土壤品质、土层厚度、土壤有机质含量、土地规模、土地地理位置、水利灌溉条件等，这也是地租形成的关键因素。土地还原率和流转期限也是两个重要影响因素。

2018 年课题组向 10 位农业专家（包括学者、农委干部、国土部门干部、乡镇农业领导）发放了影响粮田流转价格主要因素问卷，占问卷人数的 90% 的 9 位农业专家认为影响粮田流转价格的主要因素还是自然因素，如土地肥沃程度、区位因素和水利情况等。其中一位专家虽然没有将上述三个因素都列入主要因素，但仍然把土地肥沃因素排在第一位。在我国传统农业向现代农业转型的过程中，自然因素仍然是影响种粮农户收益的最重要因素，农户在流转粮田时首先要考虑自己粮田的肥沃情况、水利情况和区位情况，根据粮田粮食生产能力确定粮田流转价格。对于粮田流入方来讲，地块好坏是他们定价的关键因素，对于土地肥沃、位置较好的粮田，给出的租金要高一些，反之，比较偏僻的粮田，出的租金就要少一些。综合文献资料和专家意见，在我国农业还不发达的情况下，在粮田流转标准价格模型的主要指标设置中，以自然因素指标为主要影响指标，包括粮田的肥沃程度、水利因素、区位因素等，这些自然因素指标影响了粮田的粮食生产纯收益，进而从根本上决定了粮田流转标准价格。

7.2.2 提出的意义

粮田流转价格是粮食适度规模经营体生产经营成本的重要组成部分，事关粮食规模经营的经济效益，也关乎粮食规模经营体的可持续发展。一个合理、准确、稳定的粮田流转价格，是增加粮食适度规模经营者经济效益、提高粮食生产可持续发展能力的重要保证。在深化农业供给侧结构性改革中，降低农业生产成本，应该考虑如何让粮田流转价格保持在一个合理区间内，进而保障粮食生产者的合理收益，使粮食适度规模经营者在农村土地流转市场价格剧烈的波动中能够平稳渡过难关。国内学者就农村土地流转价格内涵、主要区间和影响因素进行了深入分析，形成了比较丰富的成果。虽然部分学者涉及农地经济价格属性，并就土地质量、区位条件、耕地粮食产量对农村土地流转价格的影响进行了探讨，但是明确提出粮田流转标准价格概念的研究却较为鲜有。本研究认为，为了鼓励扶持家庭农场和农民合作社等粮食规模经营体的健康发展，有必要剥离依附在农村土地上的诸多功能，让农村土地回归粮食生产功能、粮田流转价格回归经济属性，故提出粮田流转标准价格这个概念。粮田流转标准价格是否合理，决定了粮食适度规模经营体能否可持续进行粮食生产，也就在一定程度上决定了我国未来粮食生产和安全状况。

7.3 粮田流转标准价格的评估

7.3.1 模型假定

假定 1：粮田流转标准价格的评估对象是粮田，粮田的产出收益有两种来源，一种是直接生产经营产生的收益，也即农产品年收益，另一种是把粮田租出去，租赁经营产生的年收益。两种收益来源不同，本评估模型不考虑粮田租赁经营产生收益的情况，只考虑粮食生产经营所带来的收益。

假定 2：假定粮田上生长的粮食作物有限且种类固定，主要是谷物，包括水稻、小麦、玉米三个种类。

7.3.2 模型的运用及说明

采用收益还原法评估粮田流转标准价格。土地评估学中是这样描述收益还原法的：收益还原法是将预计的待估土地未来正常年纯收益，以一定的土地还原利率将其统一还原为评估时点后的收益。收益还原模型常用于对有收益资产及无形资产的评估。农村承包土地的使用权可以长期为经营者带来收益，其本质属于无形资产，所以，使用收益还原模型评估土地流转价格是可行和合理的。

（1）基本模型

运用资产评估的收益现值法对农村承包土地使用权进行定价主要涉及预期净收益额、流转期限、折现率三个基本参数，具体的计算公式为：

$$V = \sum_{t=1}^{n} \frac{R_t}{(1+i)^t} \tag{7-1}$$

V 为粮田流转标准价格，R_t为第 t 年的土地年预期净收益额，n 为土地流转期限，i 为折现率，折现率一般可以参考贷款利率确定。

（2）扩展模型

对影响农业生产净收益的因素进行分析，并引入基本模型，可得到扩展的定价模型，更有利于计算和分析土地流转价值。公式（7－1）中，R_t为第 t 年土地净收益，是影响土地流转价格的关键因素。影响 R_t 的因素又包括：S 土地年平均总收入，C 土地年平均总成本，G 财政补贴。则各年土地流转净收益的计算公式为：

$$R_t = S - C + G \tag{7-2}$$

公式（7－2）中，S 的影响因素为：M_t农产品年产量，P_t农产品单位价格，则 $S=M_tP_t$。C 的影响因素为 C_{1t}农资成本，C_{2t}劳动力成本。G_t为第 t 年的国家财政补贴。则公式（7－2）可以变形为：

$$R_t = M_tP_t - (C_{1t} + C_{2t}) + G_t \tag{7-3}$$

将公式（7－3）代入公式（7－1），粮田流转标准价格测算的扩展式为：

$$V = \sum_{t=1}^{n} \frac{M_tP_t - (C_{1t} + C_{2t}) + G_t}{(1+i)^t} \tag{7-4}$$

（3）模型运用的进一步说明

①粮田流转标准价格与农村土地价格之间的关系

粮田流转标准价格是农村土地流转价格组成体系中的一个重要部分，类似农村土地流转标准价格，或者说是市场化背景下的粮田流转均衡价格。而农村土地价格是农村土地售出时的交易价格，目前在我国不允许农村土地承包权的交易，只允许部分农业农村改革试验区将农村土地转让给集体经济的退地行为，并给予相应的经济补偿。但根据马克思地租地价理论，需要先算出虚拟的粮田转让价格，然后才能算出农村土地流转价格，也就是本研究的粮田流转标准价格。

②农村土地还原率

农村土地还原率是一种期望投资报酬率，是投资者针对特定投资风险，对投资所期望的回报率。计算公式为：折现率＝无风险报酬率＋风险报酬率，实践中一般将一年期定期存款利率作为无风险报酬率。风险报酬率的确定一般是将风险进行区分量化得到的。农村土地承包经营权的风险一般包括政策风险、自然风险、经营风险、市场风险等。

③农业补贴获得问题

从粮食规模经营实践中看，农村土地流入方很难获得良种补贴、粮食直补、农业生产资料综合补贴，也就是目前的耕地地力保护补贴。虽然国家设置农业补贴的初衷是将“三项重要补贴”主要补贴给粮食实际耕种者，调动粮食生产者生产粮食的积极性，以维护国家粮食生产的安全，但现实是，上述重要补贴往往由农村土地流出方获得。因此，在模型测算中，从流入方粮田流转标准价格评估中，舍去耕地地力保护补贴这一项。将农村土地流转期限定为1年。

从实证分析看，2008年东北三省粮田流转实际成交价平均为188元，到2016年粮田流转实际成交价平均为700元，在此期间粮田流转价格呈现单边快速上升态势。2008—2016年，东北三省粮田流转平均价格为422元。其中，辽宁省为512元，吉林省为376元，黑龙江省为377元。与此同时，2008—2016年东北三省粮田流转标准价格平均为307元，一直处于比较稳定的状态。其中，辽宁省为366元，吉林省为277元，黑龙江省为279元。就2016年看，东北三省粮田流转标准价格为311元，而粮田流转实际成交平均价格却高达700元，二者相差389元。2008—2016年快速上涨的粮田流转成本影响了粮食适度规模经营体的经济效益，有些粮食规模经营体出现退包、毁约、弃耕、跑路等问题，影响了国家粮食的稳定生产，也给国家粮食安全带来了隐患。

以收益还原法测算的东北三省2008—2016年粮田流转标准价格见表7-2。

表7-2　东北三省2008—2016年粮田流转标准价格

辽宁省	亩均纯收益 r（元/亩）	银行存款利率 j（%）	区域风险利率修正 f（%）	土地还原率 $i=j+f$（%）	粮田转让价格 r/i（元/亩）	粮田流转标准价格 $(r/i)[1-1/(1+i)]$（元/亩）
2008年	223.80	3.87	3.47	7.34	3 049.05	208.25
2009年	432.25	3.6	3.47	7.07	6 113.86	403.52
2010年	414.67	2.5	3.47	5.97	6 945.90	391.05
2011年	452.47	3.0	3.47	6.47	6 993.36	425.20
2012年	401.77	3.25	3.47	6.27	5 978.72	376.66

（续）

辽宁省	亩均纯收益 r （元/亩）	银行存款 利率 j（%）	区域风险 利率修正 f（%）	土地还原率 $i=j+f$ （%）	粮田转让 价格 r/i （元/亩）	粮田流转 标准价格 (r/i) $[1-1/(1+i)]$ （元/亩）
2013 年	238.93	3	3.47	6.47	3 692.89	224.53
2014 年	512.46	2.75	3.47	6.22	8 238.91	482.80
2015 年	412.07	2.25	3.47	5.72	7 204.02	389.74
2016 年	412.17	1.5	3.47	4.97	8 293.16	392.27
吉林省	亩均纯收益 r （元/亩）	银行存款 利率 j（%）	区域风险 利率修正 f（%）	土地还原率 $i=j+f$ （%）	粮田转让 价格 r/i （元/亩）	粮田流转 标准价格 (r/i) $[1-1/(1+i)]$ （元/亩）
2008 年	224.04	3.87	2.4	6.27	3 573.21	210.82
2009 年	292.38	3.6	2.4	6	4 873	275.81
2010 年	530.01	2.5	2.4	4.9	10 816.53	505.13
2011 年	492.21	3.0	2.4	5.4	9 115	466.69
2012 年	363.31	3.25	2.4	5.65	6 430.26	344.02
2013 年	41.69	3	2.4	5.4	772.04	39.52
2014 年	199.68	2.75	2.4	5.15	3 877.28	189.99
2015 年	191.35	2.25	2.4	4.65	4 115.05	182.71
2016 年	289.79	1.5	2.4	3.9	7 430.51	278.64
黑龙江省	亩均纯收益 r （元/亩）	银行存款利率 j（%）	区域风险 利率修正 f（%）	土地还原率 $i=j+f$ （%）	粮田转让价格 r/i （元/亩）	粮田流转 标准价格 (r/i) $[1-1/(1+i)]$ （元/亩）
2008 年	137.82	3.87	1.73	5.6	2 461.07	130.44
2009 年	252.12	3.6	1.73	5.33	4 730.21	239.35
2010 年	451.04	2.5	1.73	4.23	10 662.88	432.91
2011 年	400.31	3.0	1.73	4.73	8 463.21	382.54
2012 年	302.45	3.25	1.73	4.98	6 073.29	287.87

（续）

黑龙江省	亩均纯收益 r（元/亩）	银行存款利率 j（%）	区域风险利率修正 f（%）	土地还原率 $i=j+f$（%）	粮田转让价格 r/i（元/亩）	粮田流转标准价格 $(r/i)[1-1/(1+i)]$（元/亩）
2013年	218.10	3	1.73	4.73	4 610.99	208.42
2014年	326.92	2.75	1.73	4.48	7 297.32	313.06
2015年	260.24	2.25	1.73	3.98	6 538.69	250.43
2016年	270.30	1.5	1.73	3.23	8 368.42	261.93

资料来源：亩均纯收益根据以下文献计算整理：国家发展和改革委员会价格司．全国农产品成本收益资料汇编［M］．北京：中国统计出版社，2009—2016.

7.4 本章小结

制定科学合理的粮田流转价格，是鼓励家庭农场和农民合作社等粮食适度规模经营体发展的关键因素。在粮价比较稳定、单位面积产量比较稳定、银行利率比较稳定的情况下，粮田流转价格稳定是必然的趋势。一个科学、合理、稳定的粮田流转价格，对于稳定粮食适度规模经营体粮食生产，进而维护国家粮食安全具有重要意义。构建一个稳定的粮田流转标准价格，对于充分发挥新型农业经营体在我国粮食安全战略中的生力军和骨干作用，具有十分特殊的意义。为此，提出三点政策建议。一是建立粮田流转标准价格评估体系。着眼新形势下稳定粮食生产和国家粮食安全战略的需要，建立切合本地实际、具有较高精度的粮田流转标准价格指标体系，确保粮食适度规模经营体经济效益。以粮田流转标准价格为标准，综合评估粮食适度规模经营体成本收益情况，为出台新的鼓励扶持家庭农场和农民合作社等新型农业经营体的政策提供理论根据。二是政府要积极引导粮田流转价格。农村土地市场化改革是重要方向，农村土地是否流转、价格如何制定应由农民进行决策。但是也应该看到农村土地的准公共品性质，它承担国家粮食安全的重要功能，所以对农村土地流转需要政府的引导，政府的引导是科学合理定价的坚强基础。可以通过搭建流转平台，畅通信息渠道或者建立调解机制来发挥政府的积极引导作用，个别时候需要政府对农村土地流转实施最高限价制度。三是探索建立粮田流转价格补贴体制。设立粮田流转价格补贴调节基金。建立和完善粮田流转价格补贴体系，发挥补贴在稳定粮田流转价格中的积极作用。当实际成交价格过度高于粮田流转标准价格时，对粮田流入方进行补贴，当实际成交价格过度低于粮田流转标准价格时，对粮田流出方进行补贴，当实际成交价格基本趋向粮田流转标准价格时不补贴。2020 年 9 月 23 日，中共中央办公厅和国务院办公厅印发了《关于调整和完善土地出让收入使用范围优先支持乡村振兴的意见》，要求稳步提高土地出让收入用于农业农村的比例，集中支持乡村振兴重点任务。这为设立粮田流转价格补贴基金提供了一个新的投入渠道。

8 农村土地承包权转让价格评估分析：成本逼近法

截至2024年，我国农村土地流转制度先后经历了赋予农民土地承包权、建立土地流转制度、规范土地流转制度和放活土地经营权四个重要阶段。与之相联系，农村土地权利保护制度也由单一保护土地承包经营者权利，发展到既保护土地承包人的权利，又保护土地经营者的权利的“权利并行保护”新阶段。2016年10月30日，中共中央办公厅、国务院办公厅《关于完善农村土地所有权承包权经营权分置办法的意见》强调指出，现阶段深化农村土地制度改革，顺应农民保留土地承包权、流转土地经营权的意愿，将土地承包经营权分为承包权和经营权，实行所有权、承包权、经营权分置并行。农村土地制度“三权分置”改革中，农村土地承包权物权属性越来越明显，特别是在将土地经营权从土地承包权中剥离后，这种属性更加彰显。在城镇化进程加速的背景下，农村土地流转中最大的问题可能就是农民退出土地承包权的问题。随着大量人口转移到城镇，许多农民放弃了农业生产，不少进入城镇的农民确实有退出农村土地的意愿。人地长期分离会导致两个不利的后果：一方面农业比较效益低，农民弃耕造成农村土地的极大浪费，宝贵的土地资源难以得到充分利用；另一方面农村土地是农民最重要的财产资源，如果没有形成有效的退出补偿机制，农民土地财产权益就难以最大限度实现，影响了农民变市民的进程，进而延缓了我国城镇化速度。退出农村土地承包权，农民会得到多少补偿？这是当下部分想退出土地承包权的农民十分关注的问题。

8.1 文献综述

翟研宁（2013）对五种不同农地估价方法进行了分析，认为最适用于农地估价的还是收益还原法，由于其能对产生收益的农地价格进行评估，因此适用于流转后农地价格的核算。张晓娟（2016）认为，现代土地评估中的收益还原法、市场比较法及成本核算法是常用的基本核算方法。采用收益还原法进行流转价值评估是较为适宜的。李雪、徐目圣（2011）则比较早地指出，农地使用权流转价格不能等同于农用地价格。这是因为转入户由于使用土地而必须按照使用时间以不同的形式向转出方支付报酬，这部分报酬实质上就是向转出方缴纳的租金，也就是说土地使用权的价格是转出方凭借土地承包权获取土地收益的表现形式。

由于在2014年前农村土地还没有实施土地所有权、承包权和经营权“三权分置”，所以学者们研究农村土地价格问题时主要集中在农村土地承包经营权价格上，也就是农村土地流转价格（相当于目前的农村土地经营权流转价格）。收益还原法是学者们普遍主张的评估方法。2015年国务院办公厅《关于加快转变农业发展方式的意见》（国办发〔2015〕59号）明确提出，在坚持农村土地集体所有和充分尊重农民意愿的基础上，在农村改革试验区稳妥开展农户承包地有偿退出试点，引导有稳定非农就业收入、长期在城镇居住生活的农户自愿退出土地承包经营权。2018年政府工作报告也指出，要健全进城落户农民农村土地承包权、集体收益分配权自愿有偿转让机制。北京大学国家发展研究院教授周其仁等不少学者都提出，应该允许农民彻底转让承包地。“对于已经进城站住脚的农民，让老远的一块地粘着他，对国民经济没有任何好处。”随着“三权分置”的提出和承包权有偿退出实践的推进，除了有继续研究农村土地经营权流转价格的必要外，农村土地承包权价格评估问题也被提上日程。农民真正变市民退出土地和农村集体收储土地，都需要准确评估出农村土地承包权真实价格。一些学者在尝试用收益还原法探索准确的农村土地承包权转让价格。但是收益还原法没有突出“三权分置”下的土地承包权的独特权利属性。在实际的执行中，转让多是基于个体的农业经营因素考虑，如净收益、租期、补贴政策、经营能力等。转让价格往往在一个村中比照已经转让过的农地的价格而确定，或者根据转让双方个体的接受程度定一个价位，再或者按照土地流转价格的一定倍数计算承包权转让价格。转让价格的形成多缺乏完善的理论基础和论证体系支撑，不具备普适性。有学者研究在收益还原法的基础之上，再结合生计成本等因素考虑承包权价格。在大多数学者用收益还原法评估农村土地承包权之际，本章尝试用成本逼近法研究农村土地承包权转让价格评估问题。

8.2 模型构建及实证分析

本研究对象不是广义上的农村土地承包权转让问题，而是承包前种植粮食、转让后仍然种植粮食的农村土地的承包权价格评估问题。

8.2.1 成本逼近法评估含义

在土地估价学中，常用的四种基本方法分别是收益还原法、市场比较法、成本逼近法、剩余法，另外还有评分估价法、基准地价修正法。所谓成本逼近法，是指以新开垦农用地或土地整理过程中所耗费的各项客观费用之和为主要依据，再加上一定的利润、利息和应缴纳的税金，并进行各种修正来确定农用地价格的方法。计算公式为：地价＝（土地取得费＋农用地开发费＋税费＋利息＋利润＋农用地增值收益）×年期修正系数×区位修正系数。

成本逼近法自成本角度测算土地转让价格，由成本累加得到土地的价值。土地价值由土地的各项成本共同作用形成，细分此成本，包括土地取得成本（包括相关税费）、土地开发成本两项。因此，投资土地的代价＝取得土地的成本＋开发土地的成本＋投入资金利息＋投入资金成本产生的利润。

8.2.2　成本逼近法基本公式及在农村土地承包权价格评估中的拓展

一般地价公式：a. 新开发土地：地价＝土地取得费＋土地开发费＋利息＋利润＋土地所有权收益＝成本价格＋土地所有权收益；b. 已开发土地：地价＝土地重新开发成本（开发原价）－减价修正。成本法的基本公式如下：

$$P = E_a + E_d + T + R_1 + R_2 + R_3 \qquad (8-1)$$

式中：P 为农村土地承包权转让价格；E_a 为土地取得费；E_d 为土地开发费；T 为税费；R_1 为利息；R_2 为利润；R_3 为土地增值。

基于土地从获取到开发所产生的成本费用的角度，对土地价格的定义是：土地价格由土地的取得费用、土地的开发费用、税费、利息、利润和土地开发完成后所带来的增值收益构成。

8.2.3　成本逼近法在农村土地承包权价格评估中的应用

土地开发费是获取土地之后产生的成本费用。在农村承包土地用于农业耕种，要对其进行改造或建设使其达到理想状态，需要进行土地的开垦与整理。土地的开垦和整理包括很多项目，如农田平整、处理耕作层，建设农田水利设施、田间道路、田间防护林等。这些成本投入会占用资金，因此产生各项资金成本，也即利息和利润，当然期间产生的各项税费暂时不作讨论。除此之外，在对土地进行各项投入后，耕地的生产能力得到提高，而引起了土地价格的增值，产生了农村承包土地的增值收益。

8.2.4　基于成本逼近法的农村土地承包权转让价格实证分析

（1）土地取得费

可以将现行的农村集体土地被征收为建设用地时的征地费用作为参考，征地费用由土地补偿费、安置补助费、地上附着物和青苗补偿费组成，即土地取得费＝土地补偿费＋安置补助费＋地上附着物和青苗补偿费（表 8－1）。

表 8-1 土地取得费包含项目及计费依据

<table>
<tr><th>项目名称</th><th colspan="2">计费依据</th><th>拟采用倍数</th></tr>
<tr><td>土地补偿费</td><td>前 3 年粮田平均年产值的 6～10 倍</td><td rowspan="2">二者总和不能超过年产值的 30 倍</td><td>6</td></tr>
<tr><td>安置补助费</td><td>前 3 年粮田平均年产值的 4～6 倍且不超过 15 倍（按每人计）</td><td>5</td></tr>
<tr><td>地上附着物和青苗补偿费</td><td>被征收土地上的附着物和青苗的补偿标准，由省、自治区、直辖市规定</td><td></td><td>忽略不计</td></tr>
</table>

资料来源：根据土地管理法整理。

（2）土地开垦成本

土地开垦成本，是指为使土地变成耕地，达到一定的农业利用条件从而产生的各种客观投入费用。如农田平整、处理耕作层，建设农田水利设施、田间道路、田间防护林等的投入费用。耕地等级不一样，所需要的耕地开垦成本也不一样。从实际经验看，耕地开垦费一般每平方米 30～50 元，根据各地方经济水平和耕地质量不同也有差异。在这里普遍采用 30 元/平方米（2 万元/亩）作为各地的土地开垦成本基数，再根据各地的实际情况修正，修正系数见表 8-2，借鉴不同地区综合风险重要度评分，修正公式为：土地开垦成本＝土地开垦成本基本值×各地区修正系数，以此得到各地的土地开垦成本费用。

表 8-2 各地区耕地开垦费用修正系数

地区	综合风险重要度	投资回报率修正系数（%）
浙江	0.7	5.80
安徽	0.7	5.93
福建	0.7	5.80
江西	0.7	5.93
湖北	0.5	4.87
湖南	0.5	4.87
广东	0.7	5.80
广西	0.4	4.60
海南	0.7	5.80
江苏	0.7	5.67
河南	0.7	5.67
重庆	0.5	4.87
四川	0.1	3.53

（续）

地区	综合风险重要度	投资回报率修正系数（%）
贵州	0.4	4.60
云南	0.4	4.60
陕西	0.6	5.40
河北	0.9	6.47
内蒙古	0.6	5.40
辽宁	0.9	6.47
吉林	0.6	5.40
黑龙江	0.4	4.73
山东	0.7	5.67
宁夏	0.6	5.40
山西	0.6	5.40
甘肃	0.6	5.40
新疆	0.2	3.80

（3）利息与利润

利息率以2014年银行一年期贷款利息率4.35%为准。假设开发过程中开发费用在开发期间均匀投入，利息计算公式：利息＝权利转变价值×利率＋土地开垦成本×［$(1+利率)^{0.5}-1$］。除了合理的资金时间成本，还有一定的投资收益回报，也就是利润。利润率根据开发农用地所处地区的经济社会环境、开发农用地的利用类型（行业特点）和开发周期等确定。根据实际经验，农用地开发一般的投资回报率为6%。

（4）耕地增值收益

农用地增值收益是指待估农用地因追加投资进行农用地开发整理、使农用地生产能力得到提高，而引起的农用地价格的增值。农用地增值收益率根据开发农用地所处地区的经济环境、开发农用地的利用类型（行业特点）等确定。根据实际经验，确定土地增值收益率为20%。

8.2.5　成本逼近法测算农村土地承包权转让价格结果

以2014年为时点进行研究，结果表明，采用成本逼近法最终测算出的农村土地承包权转让价格辽宁、江西、安徽、江苏较高，吉林、河北、湖北、山东、湖南、河南次之，浙江、福建、广东、贵州、云南、陕西、内蒙古、黑龙江、山西、甘肃大致处于一个档次上（表8-3）。

表 8-3　用成本逼近法测算的农村土地承包权价格

地区	平均年产值（元/亩）	权利转变价值		土地开垦成本（元/亩）	利息（元）	利润（元）	粮田增值收益（元）	农村土地承包权价格（元/亩）
		土地补偿费（元）	安置补助费（元）					
浙江	514.1	3 084.6	2 570.5	14 000	547.26	1 140.00	4 268	25 611
安徽	1 413.01	8 478.06	7 065.05	14 000	977.38	1 751.91	6 454	38 727
福建	464.2	2 785.2	2 321	14 000	523.38	1 108.16	4 148	24 885
江西	1 704.35	10 226.1	8 521.75	14 000	1 116.79	1 941.95	7 161	42 968
湖北	1 442.45	8 654.7	7 212.25	10 000	905.40	1 259.72	5 606	33 638
湖南	1 231.77	7 390.62	6 158.85	10 000	804.59	1 146.86	5 100	30 601
广东	481.26	2 887.56	2 406.3	14 000	531.54	1 119.04	4 189	25 133
广西	—	—	—	—	—	—	—	—
海南	—	—	—	—	—	—	—	—
江苏	1 434.23	8 605.38	7 171.15	14 000	987.54	1 688.33	6 490	38 943
河南	849.69	5 098.14	4 248.45	14 000	707.84	1 323.75	5 076	30 454
重庆	—	—	—	—	—	—	—	—
四川	697.56	4 185.36	3 487.8	2 000	376.82	341.46	2 078	12 470
贵州	1 237.63	7 425.78	6 188.15	8 000	764.35	994.24	4 675	28 047
云南	1 128.39	6 770.34	5 641.95	8 000	712.08	938.97	4 413	26 476
陕西	530.53	3 183.18	2 652.65	12 000	512.08	963.13	3 862	23 173
河北	818.08	4 908.48	4 090.4	18 000	778.78	1 746.83	5 905	35 429
内蒙古	624.9	3 749.4	3 124.5	12 000	557.24	1 019.19	4 090	24 540
辽宁	1 490.62	8 943.72	7 453.1	18 000	1 100.59	2 225.47	7 545	45 267
吉林	1 547.09	9 282.54	7 735.45	12 000	998.50	1 566.97	6 317	37 900
黑龙江	1 276.64	7 659.84	6 383.2	8 000	783.02	1 042.64	4 774	28 642
山东	915.13	5 490.78	4 575.65	14 000	739.15	1 364.57	5 234	31 404
宁夏	—	—	—	—	—	—	—	—
山西	679.18	4 075.08	3 395.9	12 000	583.21	1 051.43	4 221	25 327
甘肃	660.96	3 965.76	3 304.8	12 000	574.49	1 040.61	4 177	25 063
新疆	723.73	4 342.38	3 618.65	4 000	432.38	454.52	2 570	15 418

8.3 成本逼近法与收益还原法测算差异比较

收益还原法来自马克思地租地价理论。总的来说，马克思地租地价理论主要思想是，土地所有权是地租产生的前提，土地所有权和使用权的分离是地租产生的条件。地价是地租的资本化，或说是资本化的地租，是预买一定年数的地租。地价等于地租除以平均利息率。对于永久租期土地，地价是每年的地租折现到初期之和。若每年的地租为定值并且折现率不变，地价是每年的地租折现值的加和。

利用收益还原法基本公式，以 2014 年为研究时点计算的全国部分地区农村土地承包权转让价格见表 8－4。

表 8－4 用收益还原法测算的农村土地承包权价格

单位：元/亩

地区	土地纯收益（元/亩）	土地还原率（%）	农村土地承包权价格（元/亩）	地区	土地纯收益（元/亩）	土地还原率（%）	农村土地承包权价格（元/亩）
浙江	420.04	5.80	7 242.07	贵州	—	4.60	—
安徽	426.70	5.93	7 195.62	云南	—	4.60	—
福建	81.55	5.80	1 406.03	陕西	—	5.40	—
江西	466.64	5.93	7 869.14	河北	336.85	6.47	5 206.34
湖北	184.53	4.87	3 789.12	内蒙古	504.02	5.40	9 333.70
湖南	249.02	4.87	5 113.35	辽宁	512.46	6.47	7 920.56
广东	124.56	5.80	2 147.59	吉林	199.68	5.40	3 697.78
广西	59.15	4.60	1 285.87	黑龙江	326.92	4.73	6 911.63
海南	—	5.80	—	山东	429.29	5.67	7 571.25
江苏	691.25	5.67	12 191.30	宁夏	102.00	5.40	1 888.89
河南	226.72	5.67	3 998.58	山西	139.16	5.40	2 577.04
重庆	—	4.87	—	甘肃	—	5.40	—
四川	106.81	3.53	3 025.78	新疆	474.84	3.80	12 495.79

注：计算结果保留两位小数。

8.4 本章小结

农村土地实施所有权、承包权和经营权“三权分置”后，开展农村土地承包权价格评估相关研究就被提上了重要日程。农民进城变市民需要真正放弃农村土地，村集体为提高农村土地利用效率收购农民弃耕土地，这些都需要评估出农村土地承包权真正的价格。长久以来，因为没有对农村土地权利进行细分，农村土地价格评估问题只集中在流转价格测算上。现如今，伴随农村土地“三权分置”、农民城市化和提高农村土地利用效率的现实需要，评估出农村土地承包权价格就显得尤其重要和紧迫。土地估价学中的成本逼近法是一种较好的农村土地价格评估方法。成本逼近法综合考虑了土地取得费、开垦成本、利息利润、土地增值收益等因素，能够比较真实地反映农村土地承包权价格，这一价格是农村承包地转让的基础价格、底线价格。根据研究结果可以提出三点政策建议：

一是成本逼近法和收益还原法都可以作为农村土地承包权价格评估的方法。在 2014 年前，因为农村承包地没有“三权”说法，对农村承包地价格的评估集中在土地承包经营权上，也就是农村土地流转价格上，主要使用收益还原法。2014 年后，在进行农村土地承包权价格评估时，也可以使用成本逼近法。

二是成本逼近法更适用于农村承包地转让价格评估。从文献研究中可知，收益还原法更适用于农村土地流转价格评估。现如今，农民在城市稳定就业有住房，因务农收益太低弃耕农村土地的现象日益增多，转让农村承包地成为一种新的趋势。从成本法和收益法的测量看，成本法价格明显高于收益法价格，究其原因，成本法考虑了土地取得费、开垦成本、耕地增值甚至利息利润等众多短期和长远因素，而收益法仅考虑粮价、还原率、期限等有限因素。所以从保护流出方农民利益角度出发，用成本逼近法测算农村土地承包权转让价格更有科学性、合理性、可操作性。

三是成本法测量的粮田转让价格仅仅是农村土地转让的基础价格，实际转让价格要以此为基础，向上进行浮动。在我国，由于农村正处于社会主义初级阶段建设中，农村土地还承担农民就业成本、子女上学教育成本、医疗养老部分成本，所以在农村承包土地转让中，必须考虑上述成本。通常农民种地不计个人劳动力成本，子女教育成本按 0.5 万元计，医疗按 0.5 万元计，养老成本按 0.5 万元计，需要在成本逼近法计算的粮田转让价格上再加 1.5 万元，就是现实中实际成交的农村粮田承包转让价格。

早在 2014 年底，四川省内江市市中区就被确定为全国第二批深化农村改革试点县区，承担土地承包经营权退出试点等任务。龙门镇龙门村作为市中区土地承包经营权退出试点的村社之一，在退出条件、方式、流程等方面取得了相应进展，截至 2023 年已有 0.36 公顷土地的承包经营权永久退出、3.67 公顷土地长期退出。补偿标准是这样设定的——永久退出按每亩每年 1 000 元、补偿 30 年计算。2016 年 8 月，贵州湄潭县出台《湄潭县农村土地承包经营权有偿退出试验试点实施方案》，明确退出土地承包经营权必须要具备的基本条件：土地承包手续合法、农民自愿申请、家庭成员有固定的经济收入、有安全住房等。退出的土地，由村里的合作社收储后，用于产业发展。按村民代表大会的决定，湄潭县红坪村股份经济合作社以每亩 3.18 万元的价格对土地进行收储。上述农村土地承包权实际转让价格与理论研究基本吻合。

9 农地适度规模经营和小农户协调发展：补贴及社会化服务

农地适度规模经营，有利于提高土地利用率、农业劳动生产率和资源效率。政府通过财政、税收、金融和保险等手段，扶持农业适度规模经营是一个世界趋势；同时，也要看到，我国是小农户占主体的农业大国，发展农业适度规模经营，不能忽略广大小农户利益，要做好社会化服务，促进小农户与现代农业的有机衔接。中国式农业现代化的一个重要特征是农业适度规模经营和小农户发展“双轮”驱动。

9.1 农地规模经营中补贴的国际经验

粮食适度规模经营主体是新型农业经营主体的重要种类，粮食适度规模经营者粮食产量已经占我国全部粮食产量的40%，在维护国家粮食安全方面地位越来越重要。乡村振兴战略背景下对粮食适度规模生产者要有新的扶持政策。世界主要发达国家美、英、德、法、日等国农业现代化经验表明，加大对粮食适度规模经营生产者的补贴力度，是加快农业现代化的重要手段。

9.1.1 发达国家通过补贴提高规模经营生产者收入的主要做法

发达国家农业补贴政策已经由普惠制转变为向规模经营体倾斜制度，家庭农场、自营农场和新型农业经营体成为重点资助对象。着眼提高规模经营农户收入目标，在土地获取、银行贷款、老农民退出和新农民进入以及土地整理上予以财政金融支持，为农村土地规模经营创造了良好环境、提供了配套政策支持。

（1）美国重点补助家庭农场经营

美国政府采用信贷支持、政策引导、利息调节、价格补贴等经济手段，通过各种优惠政策，鼓励和引导家庭农场规模适度扩大。美国联邦土地银行是政府农业信贷体系的主要组成部分，银行通过合作社等中介组织与有信贷需求的农业生产者沟通，为家庭农场提供中长期贷款，调节农业生产。当今美国现代农业的基本经济组织依然是家庭农场，美国农场家庭的平均收入水平已经超过美国全国家庭的平均收入水平，农场家庭平均拥有的财产也多于非农场家庭。

（2）英国加强对土地流入方权益保护

英国在圈地运动时期改变了原有的小农经济，将零散的土地集中经营，获取规模效益。1700—1760 年被圈土地达到 34 万英亩*，1760—1790 年被圈土地达到 298 万英亩，随着耕地的圈占，单位面积产量迅速增长。1941 年《农业法》规定，农场主可获得终身租期。1967 年修订的《农业法》规定，合并小农场，政府提供所需费用的 50%。1986 年，实行租金三年一评估制度，防止租金过高。支持中等农地规模发展，促进小规模农地转移、稳定大农场，农地权可以转让、出租和抵押。

（3）德国对流出方予以补贴加快土地流转

首先，政府引导小农户将土地出售给相邻地段的大农户，出售土地的小农户可获得一笔补贴。此措施可使那些小农户退出农业经营，改营他业。其次，土地整理补贴一部分是直接提供给进行土地整理的大农户，另一部分是提供给在土地整理过程中因无力投资而自愿转让土地的小农户。通过实行土地整理补贴，许多农户的土地连成了片，经营面积大大增加，为机械化的实现提供了条件。最后，实行农户迁移补贴制度。鼓励农户从人口密集的村庄向地广人稀的地方迁徙，建立大农场，进行集约化经营。

（4）法国对土地流入和流出双方进行补助，促进农业集约化经营

自 1968 年起，法国一跃成为农产品净出口国，然后又发展成为世界上最大的农产品净出口国之一。1983 年，法国的小麦、甜菜及牛肉总产量都居西欧国家首位，同年农产品出口额达 159.53 亿美元，仅次于美国列世界第二位。法国农业在世界农业中占据了重要的位置。法国《农业指导法》和《农业指导法补充法》明确了农村土地流转双方补助标准。1960 年《农业指导法》规定，对农村土地流入方实行不同层次财政补助方法。着眼加强农村土地流转和集中，按性质和面积开展流转补助，支持中等规模农场发展，稳定大农场发展，积极兼并小农场。对于中等规模农场和大农场给予如免费登记、低息贷款的金融优惠信贷政策。1962 年《农业指导法补充法》又规定，对于流出方也进行补助。设立“农业结构社会行动基金”，对放弃土地经营的 65 岁以上（后又改为 55 岁以上）老年人，发放终身补贴。44 万人因此退出农业生产，促进了 900 万公顷土地流转。接下来，法国政府又对到农村创业的青年农民给予大量财政补贴，1982 年到山区经营农场的青年每年可得到 13.5 万法郎补贴，青年人流入农村，在农村稳定就业，解决了“农场由谁经营问题”。

---

* 1 英亩≈4 047 平方米。

（5）日本重点扶持粮食生产者

20世纪60年代后，随着工业化和城市化进程的推进，大量年轻人进入大中城市，农村人口大幅度减少，农村土地出现撂荒严重的问题。在此背景下，日本以租赁为主要形式的农地规模经营战略获得了成功。1992年农林水产省在《新食品、农业、农村政策的新方向》报告中首次提出了“农业经营体”的概念。日本有大米生产补贴、旱地农作物助成补贴、土地利用效率提高补贴等补贴制度。农户种植面积越大，领取的补贴就越多。

9.1.2 发达国家补贴农业适度规模生产者的经验启示

农村土地流转发展适度规模经营，是一国经济发展到一定阶段的必然产物。美国、英国、德国、法国和日本等国通过土地流转，达到增加农户收入、提高农业竞争力和实现农业现代化的根本目的。虽然国情、农村实际各不相同，但粮食是战略物资，粮田具有半公共物品属性，农户种植粮食有自然和市场双重风险，以及农业补贴受WTO规则制约这些特点却是相同的。因此我国可借鉴国际经验，完善粮田流转补贴政策措施，促进乡村振兴战略深入实施。

（1）国家对农村土地流转要做好宏观调控

从美国等发达国家农业现代化历史经验看，国家对农村土地流转问题不是放任不管的，而是有限介入。通过法律、财政、金融、保险等多种手段，扶持农村土地流转，取得了较好的绩效。当前我国农村土地流转主要由民间自发进行，特别是土地流转价格，国家基本不管。其结果是，由于土地流转市场不发达不成熟，粮田流转处于无序状态，粮田流转价格严重背离了均衡价格，高昂的粮田流转费用造成了种粮大户收益下降，影响了粮食适度规模经营的可持续发展。要实行补贴重点倾斜政策，使广大农民享受到经济发展带来的福利，实现生活富裕的根本目的。

（2）政府要优化农业支持政策，开拓农业补贴新领域

发达国家土地流转扶持政策注意与WTO相接轨，农业补贴的“黄箱”政策不断减少，“绿箱”政策不断增加。随着我国国内农业支持水平的提高，“黄箱”支持突破天花板的风险也越来越大，因此应不断优化现行农业支持政策，废除过时政策，增强农业补贴的效益。用足“黄箱”支持，最大限度地利用剩余政策空间，促进农民增收。应充分利用“绿箱”政策，改善农业生产条件，引导农业发展方向，关注农业生态效益。

（3）农业农村部门要重点扶持有一定规模的家庭农场和中介组织

从发达国家经验看，家庭农场由于成员是家庭成员，利益紧密相连，因此从事农业活动积极性高，农地利用效率、劳动使用效率和产粮效率高，所以理应成为重点扶持对象。积极发展中介服务组织，培育农业经营主体。为了加强

土地流转的规范化管理、降低交易费用，许多国家和地区积极引导成立中介服务组织，通过直接参与或提供服务的形式，加大对土地转出方和转入方的保障力度，推动土地流转。如美国的4.7万个农村合作组织机构，形成了遍布全国的农业服务网络，成为土地规范化流转和规模化经营的重要保障。因此，我国要建立从县市到乡镇的各级土地流转中介机构，从资金资助上为培育良好中介机构提供保障。

（4）财政、金融部门要加大财政和金融扶持农村土地流转力度

采取财政扶持、信贷支持等措施，落实相关税收优惠政策，加快培育以家庭农场为重点的多种规模经营组织。要以控制农村土地集中面积和地租价格为重点，建立农村土地流转审批制度。控制地租的过快上升，以有利于农地合理流转，同时也要控制土地经营规模，防止土地过度集中在少数人手里造成规模过大而引起农业效益下降的风险。相关部门要进一步加强与金融机构的合作，通过探索建立土地银行，鼓励和促进银行、信托等机构参与农村土地流转金融支持。

（5）以效率和公平兼顾为立法价值取向，对现有农村土地法律法规进行修、改、废，建立健全我国粮田保护法律法规体系

在推进粮田流转中，要借鉴发达国家经验，加强粮田法律法规体系建设，在粮田权利实现、粮田改良整治、粮田适度流转、粮田征收补偿和农村地区振兴等诸多环节中，建立健全我国粮田保护土地制度体系，涵盖粮田土地所有、利用、转移、收益和保护方方面面，为粮田适度规模经营提供全面有效的土地法律制度保证。

世界农业现代化国家发展经验表明，发达国家正加大对农业生产者的补贴力度。美国政府采用信贷支持、政策引导、利息调节、价格补贴等经济手段，鼓励和引导家庭农场规模适度扩大。德国政府采取了鼓励土地转让、促进土地集约化利用的措施。法国政府对农村土地流入方实行不同层次的财政补助。日本提出了重点资助认证农户的措施，促进了高素质农民队伍的形成。我国农业正处于转型升级期，随着农村土地“三权分置”，农村土地由分散占有、分散经营转为分散占有、集中经营。未来我国粮食生产者不再是以分散农户为主，而是以适度规模经营者为主。如何对粮食适度规模经营者实施精准农业补贴、提高农户收入，成为农业农村现代化的一个重大问题。发达国家加强对农村土地的宏观调控，重点扶持家庭农场、通过财政金融优惠政策降低土地流转费用、为农村土地流转适度规模经营提供法律保证的经验做法值得我们借鉴。

9.2 小农户与现代农业有机衔接研究

21世纪，中国共产党着眼于全面建设小康社会和社会主义现代化战略目

标，提出了乡村振兴战略，建立健全农业社会化服务体系是乡村振兴战略发展到一定阶段的必然要求，是引导小农户迈入现代化进程的关键。党中央、国务院早在1983年就提出了农业社会化服务问题，党的十七届三中全会又提出了新型农业服务体系建设。要在乡村振兴战略背景下，引导小农户与现代农业有机衔接，农业社会化服务问题被提上了重要日程，要结合小农户与现代农业对接环节，进一步优化服务路径。

9.2.1 建立健全农业社会化服务体系是乡村振兴战略的客观要求

乡村振兴战略是一个农业优先发展的重大战略，需要全社会的支持，更需要农业和农村体制内部的创新，建立健全农业社会化服务体系就是农业经济体制内部的重要创新。

（1）建立健全农业社会化服务体系是现代农业生产力发展的必然要求

现代农业发展的主要标志就是生产力的现代化。发展现代农业生产力，离不开农业社会化服务体系关系变革。从发达国家农业发展史上看，建立新型农业社会化服务体系是发展现代农业的必要前提。发达国家随着农业机械化和化学化进程的推进，实行了农业专业化生产，农业服务活动逐步萌芽，进而农业发展中不可缺少的农业社会化服务体系应运而生，并逐步扩展到农产品加工和销售领域，把生产、加工和销售过程连成一体，发展成农、工、商一体化的产业经营模式，为实现农业现代化开辟了广阔的前景。

（2）建立健全农业社会化服务体系是持续增加农民收入的有效途径

我国的国情是全国14亿人口有1/3在农村，不能忽略农民在农村就业的问题。伴随农村一二三产业结构变化，农村第三产业服务业正加快发展，成为农民就业的主渠道，大大增加了农村劳动力就业容量。农业社会化服务体系拓宽了增加农民收入的渠道。农业社会化服务组织进一步强化了对农民经济行为的组织和协调职能，最大限度地减少了农民利益的中间损失。随着我国加入WTO，农业面对国际竞争的压力加大，一家一户、分散经营的小农经济在国际竞争中显而易见地处于劣势地位。这些年农业社会化服务组织有了新的发展，如打破地域、行业和所有制限制，发展成为跨地域、跨行业、跨所有制的组织。在一些地区，农业社会化服务组织已经走出国门，代表当地农民进行国际贸易谈判，比如山东的一些果品协会、浙江的一些纺织业协会等，为维护农民利益，与外商进行谈判、展开友好合作，最大限度地保护了当地农民的利益。

（3）建立健全农业社会化服务体系也是转变乡镇政府职能的可靠载体

构建农业社会化服务体系，即实现了由计划式管理向服务式管理的转变，能够更好地指导农村经济的发展，有利于政府遵循市场取向对农村经济进行宏观调控。在农村市场经济发展前提下，乡镇政府和村级组织如何转变职能、更好促进农业生产成为一个重要课题。必须转变计划经济思维，从观念上变领导为指导，从行为上变管理为服务，从模式上变强制变引领，积极参与到农业社会化服务进程中，成为农业社会化服务的重要组成部分。发展新形势下的农业社会化服务体系，要将政府公益性服务与社会化经营服务分离，大力发展政府公益性服务。

9.2.2 当前农业社会化服务体系发展的制约因素分析

改革开放40多年来我国农业社会化服务组织有了新的发展。但应当看到，在农业农村现代化视角下我国农业社会化服务体系仍存在着很多制约因素：

一是农业社会化组织服务质量不高。呈现出一定程度的形式化特征，不少服务组织形同虚设；服务手段过于落后；服务链条不完整，产前、产中服务较多，而产后服务较为薄弱；个别地方的社会化服务组织，在经营过程中违法乱纪，侵害和剥夺农民的利益。二是农业社会化服务组织体制不顺。农业科研、农技推广、农业教育三者之间缺乏联动效应，三者不但存在质量不高问题，而且整体互动效果也不显著，应当由政府承担的职责却往往推给乡村集体，比如农业科技推广、良种供应、植保、农田水利基本建设等；政府社会化服务组织中的工作人员，也因工资收入低改行；有些个体组织，长期不办工商登记，一旦发生违约不利于追责。体制不顺导致服务多头供给、重复供给或出现服务盲区。三是农业社会化服务组织与农民之间的权利义务关系不规范。由于农民专业化和组织化程度低，在和农业服务组织进行谈判时也往往处于弱势地位，因此，利益常常受到损害。农业合作组织影响农民利益的主要表现为：大多数服务组织对科技服务、金融服务、信息服务等长远服务重视不够，解决的都是诸如化肥、农药等短期问题，服务行为的短期化使农民必需的各种服务无法及时得到满足；片面追求物质利益、随意提高服务价格、人为加重农民负担，导致加入合作组织的农民缺乏长期加入的积极性，农民服务合作组织的不稳定性制约着农业生产可持续发展。四是一些新型农业服务组织也存在不少问题。部分地区新型农业服务组织发展较快，个数猛增，但管理规范性差，服务质量不高；一些组织内部机制不合理，没有与农民结成真正的利益共同体，市场风险较大；特色产业和品牌带动性差；缺乏科学有序发展，绝大多数新型农业服务组织都分布于效益好的流通领域、加工领域，服务于经济作物、水果、养殖等效益高的项目。

9.2.3 优化农业社会化服务体系引导小农户进入现代农业对策建议

首先，要形成种类齐全、功能完备、运转高效的新型农业社会化服务组织体系。一是加强政府服务组织建设。在我国，政府类服务组织在农业社会化服务体系中具有重要作用，如农村供销合作社，长期以来在农村便民服务中作用突出，受到群众认可。要切实壮大政府服务组织，积极转变政府服务组织职能，建设好这一宏观调控的主渠道。二是增强集体经济服务组织能力。农业集体服务组织是农业社会化服务体系的关键一环，它起着外联国家经济技术部门和各种服务实体，内联广大农户的桥梁作用，特别是在兴修农田水利、搞好农业基本建设、保护生态环境等方面，更能发挥其他组织不可比拟的作用。三是增加企业化经营服务机构数量。农业社会化服务组织体系应该面向市场，以企业化经营为主，这是国内发达地区和国外发达国家的经验，目前我国农业企业经营服务机构缺乏，数量不足。四是重点扶持农民专业技术协会。调整农业生产经营结构急需各种专业技术，受文化水平低限制，农民掌握专业技术较难。农民最需要专业技术扶持。

其次，加大农业服务组织经费投入力度，保证农业社会化组织体系运转顺畅。一方面，进一步加大政府对农业社会化服务组织经费的投入，明确各级政府发展农业社会化服务组织的责任，根据其拥有的财权合理分配农业服务供给责任。一般性转移支付资金要增加投入，专项转移支付资金要加强管理，资金使用效率要提高。另一方面，改革农业社会化服务组织的资金筹集渠道，建立多主体的农业公共服务供给机制，采取多元化供给方式。在明确产权的前提下，按照“谁投资，谁受益；谁引进，谁收费”的原则，并通过优惠政策，积极引进民间资金和外资参与农业公共服务的供给。

然后，加强农业信息化建设，提高农业社会化服务体系质量。目前农业农村发展进入了一个新阶段。农业现代化、数据化、智能化发展开始启动，对农业信息化建设提出了新要求。要加强农业信息基础设施建设，形成纵贯市、区（县）、乡（镇）、村直至农民家庭的五级信息服务组织体系。农业信息开发要紧紧围绕农民生产、生活和生态要求进行，要有农业农村特点，要符合农业农村现实需求，要注重应用的针对性。在注重发展农村电商的同时，要发展好农村微商经济。同电商经济比，微信朋友圈销售农产品具有成本低、规模小、门槛低的突出特点，深受农民朋友欢迎，有无限发展潜力。要扶持农民朋友微商经济发展，可以采取经费投入、技术扶持、人才支持等方式，提高农村信息化建设的综合效益，降低农民使用信息的成本。

最后，注重农村物流体系建设，不断创新农业社会化服务方式。农村电商深受农民朋友喜爱，它大大降低了农民生产生活成本，便利了农民生产生活，特别是有力降低了农业生产资料成本，直接提高了农业生产效益。县（市、区）是农业农村经济发展的主要区域，承担农业农村基础设施建设的重要职责，要加强农村道路等基础设施建设，畅通农村物流体系；各级乡镇政府要制定好物流规划，与小城镇建设和乡村振兴整合到一起，同步规划、同步建设；

要扶持农村电商物流企业，在土地配置、用电政策、税收等方面给予优惠，激活农村内需。

9.3 农地流转中农业生产者的补贴优化

党的十九大报告提出要实施乡村振兴战略，坚持农业农村优先发展，加快推进农业农村现代化，深化农村土地改革，确保粮食安全。在发展农业现代化、确保国家粮食安全进程中，要关注农村土地流转问题，不断创新农业补贴形式，巩固、发展、壮大新型农业经营主体。

9.3.1 文献述评

目前在土地流转方面的研究论文数量不少，以“土地流转”为关键词，在CNKI中核心及核心以上的期刊范围内进行检索，可检索出4 698条结果，而将关键词“土地流转”并“补贴”后只剩121条，这说明目前的研究对土地流转进程中农业补贴的关注程度不高，如何结合土地流转创新农业补贴方式，值得关注。就检索结果来看，有从土地流转中的补贴绩效角度进行调研和实证分析研究的。张建、冯淑怡、诸培新（2017）基于江苏省四个县的调研，发现政府补贴对土地流转有重要影响，而就江苏省农地流转的调研情况看，应该将直接补贴转变为加强间接补贴。有对家庭农场补贴的研究，彭慧、闫保荣、毕宇珠、荀天来等（2015）基于国际家庭农场经验提出土地流转过程中要完善农民离农的保障体系，并要配合适度的补贴激励农地流转的建议。有关于补贴政策对土地流转意愿影响的研究，楼擎擎（2017）通过对浙江省样本的分析，认为土地流转中的补贴政策要关注补贴对象，并且粮食直补水平太低对农民粮食生产经营意愿激励作用不大。不同文献研究结果表明，从补贴激励的角度而言，土地流转中的政府补贴对农业生产有一定的作用，但补贴政策也带来了一些问题，如补贴不高、激励不足，而且补贴还提升了土地流转过程中的交易价格。从农民经营意愿的角度而言，补贴政策的满意度非常重要，而这种满意主要取决于补给谁、补多少的问题。从乡村战略振兴角度、从可持续发展角度、从农业未来发展角度看，目前关于土地流转中补贴政策导向性的研究不足。所以本书对乡村振兴背景下，土地流转中的补贴政策导向性进行研究，以期为创新农业补贴形式提供参考建议。

9.3.2 现状及问题分析

（1）农业补贴现状

现今土地流转中补贴政策多样，主要包括：粮食直补，覆盖小麦、水稻、油菜、棉花、玉米等；农资综合补贴，覆盖化肥、柴油、种子、农机等；良种补贴，覆盖小麦、水稻、油菜、棉花、玉米等；地方农资补贴，覆盖种养结合补贴、粮食烘干收购补贴等；种粮农业保险补贴：农产品保险、稻麦场火灾保险、小麦冻害保险；田地雹灾补贴；失地农民补贴；信贷补贴，家庭农场农业贷款贴息补贴、农业规模经营贷款贴息补贴等。

2016 年中国国土资源公报显示，“截至 2016 年末，全国耕地面积为 13 495.66 万公顷（20.24 亿亩），总体耕地面积呈现出逐年递减的趋势”。全国 23 个省、5 个自治区、4 个直辖市的耕地地理环境、气候环境的不同，使得各省份耕地所产作物不同，并且根据耕地资源本身评级差别，耕地被划为优等地、高等地、中等地、低等地，这也使单位耕地面积上的农作物产量出现差别，因此各地政府结合当地经济水平、农业生产及农民生活实际情况，在农村土地流转中实施了不同的补贴内容和措施。如上海市提供水稻种植补贴、种养结合补贴、水稻保险补贴、土地承租补贴等。浙江省部分地区家庭农场土地流转 50 亩以上按 70 元 / 亩进行补贴，50 亩以下按 30 元 / 亩进行补贴。东北、四川、内蒙古有玉米种植补贴，各地补贴标准不同。

（2）农业补贴存在的主要问题

①农业补贴政策目标导向不够清晰

虽然，现今的补贴政策对土地规模化有一定的促进作用，但现代化农业经营还包括现代农业管理、现代农业技术、现代高素质农民等因素，当前补贴政策对土地流转后的这些方面促进作用体现不足。各地政府虽然出台了不同的补贴措施，但对加强土地流转及现代农业经营的激励不够，未对土地流转后的技术、管理、人员等方面进行补贴，使得农业产品质量不高、产量也不突出。土地转出后，劳动能力不强的农民也未能得到妥善安置。

②农业补贴激励性不足

近年来，农业补贴政策对土地流转的激励作用在减弱。主要表现在国家政策补贴额度不高，粮食直补及农资综合补贴约 100 元 / 亩，良种直补约 10 元/亩，这对粮食生产激励作用不凸显，很多农民对粮补和农资综合补贴已经不太在意。由于粮食价格无法提升，使得粮食生产市场获利性不足，如果去掉政策补贴，农民还会面临亏损状态，且要承担农业生产风险，所以土地承包者的粮食规模化生产意愿不高。

③农业补贴评价监督机制不完善

土流网大数据显示，2016 年耕地有约 43.47%的面积流转后是用于非粮食生产，耕地转非粮生产的面积在大幅度上升，这不利于我国粮食安全及农业发展，市场机制导向下的土地流转并不倾向于农业粮食生产，而且就实际补贴情况看，现在依然有很多地区刺激土地承包者进行粮食生产的部分补贴发放给土地流出方，如粮食直补、农资综合补贴等，因此导致土地承包方的经济利益损失，不利于驱动土地承包方进行粮食经营。

9.3.3 优化对策

一是加强补贴政策引导。土地流转中的农业补贴，是为了更好地驱动现代农业的发展，促进农业经营的面积规模化、生产高效化、管理现代化、劳作专业化。另外，也要注重解决粮食安全问题、农民问题和乡村发展的问题。所以土地流转中农业补贴政策应该具有多重导向性，在进行土地流转补贴时，要关注土地流转的作用、价值和社会影响，从现代农业、粮食安全、农民问题和农村问题等角度来进行多维度、多层次的土地流转补贴政策设计，使得土地流转更有力地促进农业可持续发展，保障社会粮食需求，同时更有效地促进乡村振兴。一方面，地方政府补贴方式由地方政府根据当地农业发展现状及农业规划情况进行设计，有针对性地对当地农业特色发展制定补贴政策。另一方面，土地流转中粮食生产补贴主要是国家补贴和地方政府补贴，适宜种水稻的地方加强水稻种植补贴，适合种小麦的地方加强小麦种植补贴。国家要提高补贴金额，能发展品牌粮食产品的地方，国家和地方要加强品牌粮食生产奖励等，这些补贴手段可以更有效、更明确地引导土地流转用途。

二是增加补贴标准制定考虑维度。以土地面积为主要考虑制定补贴标准，虽然刺激了土地流转，但同时也产生了一些负面作用，如土地流向谁、流转用途是什么都不清晰。因此，在考虑土地面积制定补贴标准的基础上，还可添加其他考虑因素，如承包方的经营人员情况、生产技术情况、经营管理情况、粮食品质情况、粮食产量情况、农业生态情况以及失地农民实际生活情况等，如此会更有利于土地流转的价值实现，也更有利于农业现代化经营。

三是实施补贴数据动态监管。为了保障粮食安全、维护农耕面积基线，为了现代农业更好地发展，应实施补贴评价监督措施。主要是地方政府要建立土地流转及补贴数据库，对土地流转情况及实施补贴情况进行数据建档，同时设计土地流转多因素评价机制，这些因素包括规模农业情况、承包经营情况、农业品牌情况、土地流出农民生活变化情况等，以此掌握土地、农业及农民情况，帮助政府准确地评估农业发展情况，了解实际变化情况，实时调整补贴政策，更好地引导农业、农村及农民发展，实现乡村振兴。

9.4 本章小结

土地承包权退出和农村土地流转是手段，根本目的是提高农业转移人口城镇融入能力和农民收入。在此过程中，需要国家的介入，通过补贴形式，促进规模经营发展、提升农民市民化水平。美国政府采用信贷支持、政策引导、利息调节、价格补贴等经济手段鼓励和引导家庭农场规模适度扩大。英国加强对土地流入方的权益保护；农场主可获得终身租期，合并小农场，政府提供所需费用的50%；实行租金三年一评估制度，防止租金过高。德国对流出方给予补贴以加快土地流转；通过提供土地整理补贴，许多农户的土地连成了片，经营面积大大扩大，为机械化的实现提供了条件；实行农户迁移补贴制度。法国对土地流入和流出方双方进行补助，对65岁以上（后又改为55岁以上）放弃土地经营的老年人，发放终身补贴；对到农村创业的青年农民给予大量财政补贴。这些土地退出和流转相结合的农业补贴形式值得我们借鉴。同时要看到，在我国家庭农场毕竟是少数，大量农民以小农户形态存在，因此要通过社会化服务形式，形成联农带农机制，促进小农户共同富裕。要形成种类齐全、功能完备、运转高效的新型农业社会化服务组织体系。要加大农业服务组织经费投入力度，保证农业社会化组织体系运转顺畅。要加强农业信息化建设，提高农业社会化服务体系质量。加强农业信息基础设施建设，形成纵贯市、区（县）、乡（镇）、村直至农民家庭的五级信息服务组织体系。要注重农村物流体系建设，不断创新农业社会化服务方式。要加强农村道路等基础设施建设，畅通农村物流体系。要扶持农村电商物流企业，在土地配置、用电政策、税收等方面给予优惠，激活农村内需。

10 土地承包权退出对乡村全面振兴的影响：来自上海等地的例证

10.1 上海土地承包权退出促进家庭农场大发展

10.1.1 基本情况和成效

上海市是我国工业化、城镇化、信息化和农业现代化协调发展的特大国际城市。近年来，上海郊区农业、农民与农村的形态已发生了巨大变化，突出表现在：一是农业实际经营主体发生了变化，本地农民从事农业的占比越来越低。二是农民收入在农业经营中的占比越来越低，农地承包权的农民生计功能已越来越淡化。三是越来越多的青壮年选择进入城镇造成了农村老龄化、空心化等问题突出。这表明：现有农地制度已与上海郊区农村、农业发展的现实不相匹配。一方面拥有承包权的本地农民与农业的距离越来越远；另一方面拥有承包权的本地农民受到集体成员身份背后模糊权益的吸引，而难以主动、自愿退出承包权，导致长期“离农”但不“离土”。

上海城镇化率高、经济发展水平高、社会保障体系健全，为此，有能力、有条件率先开展农村土地承包权有偿退出工作。2015 年下半年上海市就率先在松江区开展了农村土地承包权永久退出试验。农村土地承包权的退出，有力促进了家庭农场的发展，以家庭农场为主的现代农业生产和规模经营方式已经基本成熟。2016 年松江家庭农场发展到 966 户，经营面积达到 13.8 万亩，占全区良田面积的 95%，户均经营面积为 142.9 亩，截至 2017 年 5 月，松江区共有 32 775 名老年农民退出了 36 222.95 亩承包地，并自愿签订了完全退出土地承包的确认书。2020 年，松江土地流转率为 99.8%，大多数农民不再以农业生产维生。2016 年奉贤区开展了农村土地承包权长期退出试验。奉贤区全区 57 737 名老年农民有 36 579 名长期退出农村土地承包权，占比为 63.35%。

2021 年 6 月，课题组第一调研小组对上海市松江区佘山镇横山村、刘家山村、鸡山村进行了访谈，了解农村土地承包权退出后农民受益成效。上海市松江区政府以多种方式和农民协商，统一管理和规划使用农田，农民个人不留土地，公共无主土地直接被政府征收。农村土地承包权退出有两种主要形式：一种是永久退出，将农民户口改为城镇户口，60 岁以后每月享有养老金 2 000

元左右；另一种是长期退出，户口仍是农村户口，每年或选择补贴，或选择社保费，或者股份分红每人 2 000～3 000 元，每年的补贴或者养老金金额大于自己种地获取的收益，养老金由当地政府发放，补偿由国家发放，土地承包出去获利后按人头分红。老年人退休居家，两个老人退地金 4 000 多元，在院子里宅基地种点菜，自给自足，生活比较幸福；年轻人去镇上或者附近地方工厂、软件园等上班；还有的农民去当地政府建设的公共场所工作，比如居委会、公立医院等。2021 年 7 月，课题组第一调研小组对上海市奉贤区青村镇姚家村、申隆村和光明镇湾张村进行了访谈，了解奉贤区农村土地承包权退出农民受益成效。与松江区相比，奉贤区离市中心较远，农民仍然以土地为生。截至调研日，上海市奉贤区政府有以下 2 种农地退出方式：一是永久退出。如青村镇申隆村，房子和土地退回集体，将农民的户口改为城镇户口，60 岁以后每月享有养老金 2 000 元左右。二是长期退出，交给村委会统一规划，村委会承包给大农户，大部分本地人选择将田交给村委会统一管理。如光明镇湾张村，每村每户土地 8 亩左右，长期退出后，每年每亩补贴 1 200 元，农保每月 1 200 元。姚家村，每村每户土地 3～5 亩，如果集体使用了退出的农村土地，退出者享受镇保 2 400 元，如果集体没有使用退出的土地，退出的农户每月享受农保 1 300 元。年纪大的人种点菜，自给自足，吃不完就到村口出售；年轻人有的去镇上、有的去附近工厂上班，还有的去市区上班。

10.1.2　主要做法

（1）政府主导，政策激励

2015 年 7 月上海松江区委四届八次全会通过《关于适当提高本区老年农民退养水平的实施意见》，规定年满 60 周岁的松江区农民，只要愿意永久退出承包地，享受到的退养金和农保待遇总额就能够达到上海小城镇镇保水平。2020 年又出台了《关于适当提高松江区城镇居民养老待遇的实施意见》。截至 2020 年已经有 3.39 万名老年农民提高了养老金水平，55～59 周岁的农村女性获得了每月 500 元养老过渡期生活补贴。2016 年 11 月上海奉贤区制定《奉贤区引导农村土地经营权有序流转发展农业适度规模经营的实施意见》，其中，政策措施规定一节中规定："坚决杜绝农户'自由、无序'地流转，引导农户自愿将自己的承包地委托给村级集体经济组织进行统一流转，按照农业产业规划布局，开展适度规模经营……在政府引导下，鼓励农户自愿将土地经营权委托村级集体经济组织统一流转，加强政策扶持，对自愿把确权的土地经营权委托村级集体组织统一流转的农户给予每年每亩 200 元的补贴。"

（2）因势利导，模式多样

上海松江区以农村土地承包权永久退出为主。松江区老年农民原来农村养老金为每人每月 860 元，2020 年，新意见出台后，区财政每月再补贴 664 元，这样松江区退地农民每月养老金达到 1 524 元，已经达到城镇养老金水平。承包地必须整户全部流转，整户退出的中青年农民不享有老年农民社会保障补贴政策，每年享有 250 公斤稻谷，继续具有第三轮农村土地承包权利。上海奉贤区以农村土地承包权长期退出为主。从 2017 年起，上海奉区对长期退出承包地老年农民给予每年 1 200 元退养补贴，奉贤区人社局下发《关于适应本市城乡发展一体化 进一步做好人力资源和社会保障工作的实施意见》，要求积极宣传引导本区农民以家庭为单位将土地经营权全部委托村集体经济组织统一流转，让社保政策惠及更多的离土农民。同时，对已退休农民实行奖补政策。第二轮承包期结束后，长期退出土地的农民继续享有第三轮土地承包权利。

（3）尊重意愿，维护权益

引导性开展农民土地承包权退出的关键，是维护农民土地权益，让农民从土地退出中获益。上海经济发达、财力雄厚，特别是受益于地产价格快速上升，政府土地出让金净收益不断增强，为农民退出土地承包经营权进而实现利益最大化奠定了可靠的财力基础。据上海市农业委员会课题组调研，2017 年调研涉及相关村中有 65.3％的受访农户愿意退出土地承包权，其中奉贤区为 78.9％、金山区为 39.8％、崇明区为 53.8％。35～45 岁愿意退出的农民比例为 74.3％，60 岁以上的为 63％；高中（含中专）学历农民愿意退出的比例为 70.3％，高中以下为 64.8％；非农就业的农民愿意退出的比例为 69.7％，纯农户为 60.9％。上海作为中国特大城市，拥有众多就业机会，这为上海郊区农民非农就业创造了有利条件。长三角地区潜在退地农民已经达到 1/3 以上。马佳等 2019 年对上海 459 户农户进行调研，实证分析了上海农户土地承包权退出意愿及其影响因素。研究发现，“无干预情况下”有土地承包经营权退出意愿的农户为 22％，“取消农业补贴情况下”有土地承包经营权退出意愿的农户为 33％，“获得可观收入情况下”有土地承包经营权退出意愿的农户为 36％，近四成上海农户愿意在获得合理补偿后退出农村土地。

（4）着眼长远，长短兼顾

随着经济的发展和城乡一体化的推动，越来越多的农户到城市定居或成为兼业农户，农户角色开始分化。同时，人地紧张矛盾也在加剧，上海市的土地资源显得更加稀缺，上海市农村多是老人和幼儿，大部分劳动力进入城市赚钱，土地的重要性在部分农村人心中下降，农民对于土地承包权退出“两类”模式有着不同的看法。从短期看，上海市以农村土地承包权长期退出为主，即农民退出第二轮土地承包，将剩余的 14 年（从 2015 年改革起到 2028 年第二轮土地承包期结束）退回给集体经济组织，由集体统一进行土地整理，发包给农业公司、家庭农场等，促进农业产业化和农场规模化经营；从长期看，农民将土地承包权完全退给村集体经济组织，获得较多经济补偿或者高水平社会养老保险，农民彻底割断与土地关系，融入城镇，变成真正的市民，退出土地农民不再享有第三轮农村土地承包权益。从城镇化大趋势和农业农村现代化的现实需要看，上海鼓励农民永久退出土地，对永久退出农户给予重点扶持，这是符合城镇化和农业农村现代化规律的，代表了城镇生产力和农业农村生产力发展的基本方向。为了保证永久退出土地的“新市民”退得出、稳得住、能融入，上海市松江区规定永久退出农村土地的农户除了医疗保障外，在教育、就业、培训、养老、托育等方面与城镇居民享有同等待遇，甚至与城镇居民享有同等节假日补助和丧葬补助。

10.2 浙江嘉兴土地承包权退出促进住房和社会保障建设

10.2.1 基本情况及成效

从1993年开始，浙江省嘉兴市就率先推出了“以土地换社会保障”的补偿方式，为解决失地农民问题做出了各种尝试。2008年4月，浙江省委、省政府正式做出了嘉兴市推进统筹城乡综合配套改革的决策部署。嘉兴市委、市政府结合实际，以打造城乡一体化先行地、加快农村新社区建设为目标，启动开展了以“宅基地与承包地分开、搬迁与土地流转分开，以宅基地置换城镇房产、以土地承包权置换社会保障”为主要内容的“两分两换”试点工作。“两分两换”的工作目标是“四化”：通过土地流转规模集约经营，加快推进农业产业化；通过盘活农村非农建设用地存量和挖掘潜力，加快推进工业化；通过转移、培训和提升农民，加快推进农民市民化；通过加大以城带乡、以工哺农力度，改造农村、提升农业、转移农民，加快推进农村城镇化，最终实现城乡一体化的目标。嘉兴的“两分两换”试点工作在全市9个镇（街道）展开，分别是七星、余新、新塍、王江泾、姚庄、当湖、百步、许村和龙翔。

嘉兴市通过实行“两分两换”模式，主要在以下五个方面取得了成效。第一，农民集中居住，取得城镇户口，享受城镇保障待遇，实现了农民变城镇居民的身份转换。第二，实现了对农村新社区的整体规划。宅基地置换、城乡建设土地增减挂钩等政策，为嘉兴市推进工业化、城市化开拓了空间，农村建设用地的集约水平有了较大提高。第三，通过将退回村集体经济土地重新发包给农业公司和产业化经营体等形式，促进农业的规模化、集约化和现代化经营水平。第四，实行农村宅基地换商品房，颁发房屋产权证，使房屋成为个人产权，可以作为资产上市交易。通过土地承包经营权流转，农民可以获得固定的租金、股金及社会保障等收益，通过永久退地，农民得到与征地同等水平的经济补偿，农民的收入得到了增加。第五，农民可以在基础设施、公共医疗、社会保障、公共教育和就业培训等公共服务方面，享受城镇居民待遇。以试点重点镇七星镇为例，根据七星镇政策，参加置换的满16周岁的当地户籍农民，每人补贴5.1万元，其中用于补贴城乡居民养老保险1.2万元、住房补贴2.4万元、额外现金1.5万元。七星镇共有3 612户农民实现了“两分两换”，完成土地复垦约3 600亩，土地综合整治1 100亩，流转土地1.6万亩，建设标准农田1.7万亩。

2021年7月，课题组第二调研小组来到浙江省嘉善县大云镇大云村、缪家村调研，具体了解浙江省“两分两换”农村土地退出农民受益成效。截至2020年，在个人缴纳4年、集体缴纳11年养老保险费后，大云村老年农民交出承包地后开始享受养老保险金，老年男性农民60周岁后月享受养老金2 000元左右，老年女性农民50周岁后月享受养老金1 700多元，到60周岁也能达到2 000元左右。一家中两位老年农民合计享受老年养老金近5 000元。从2004年起，大云村实行农民集中居住，旧房屋拆迁换新宅基地，集体补助一定费用重新建房，新建房面积较大、环境较好、位置便利。通过出租新房屋一层，老年农民月房租收入可达到500元左右，甚至更多。本地50～60岁的农民还可以在工厂从事包装类工作，每月也能收入3 000～4 000元。缪家村和大云村通过城乡建设用地与农业地增减指标挂钩的办法，与四川清远等实行“飞地经济抱团”发展，利用新增建设用地指标建立标准厂房，引进工业项目和国际生态项目，村集体经济每年增加百万元收入。缪家村在对承包地平均分配的基础上，老年农民退地换养老保险，青年农民保留自己的承包地。村民年底分红每人800元左右，物业费用全部由村集体承担，并且实施垃圾分类积分奖励制度，村民每月也能得到几十元的收入，用于日常盐、酱油和手纸的开销。两地农民子女受教育程度高，大多数上大学，毕业后考入城镇公务员和事业编制等，或者自己开店、办公司，实现高质量就业，工作稳定。较少有当地青年在本地打工，本地打工的数千名青年绝大多数为外来工。大云村和缪家村退地后拓宽了农民收入来源渠道，增加了农民收入，两地农民退地后的幸福感、获得感和安全感较强。

10.2.2 主要做法

（1）进行顶层设计，做好前期准备

浙江省嘉兴市虽然隶属于发达省份，但相对于紧邻的上海市和宁波市而言，嘉兴市是一个以农业为主的城市。2010年户籍人口338万人，其中农村人口220万，有858个行政村、17 017个自然村，农业用地保有率高达86%。随着工业化、城市化进程的推进，嘉兴市受到的上海和宁波的“极化效应”和

“辐射效应”较强，农民大批进城打工、买房。同时城市项目下乡，对农村用地产生了新的需求。为了节约集约用地，嘉兴市对农村用地在全市范围内进行了统筹谋划。早在2005年嘉兴市就通过了《关于推进农村宅基地整理加快农村新社区建设的意见（试行）》（嘉政办发〔2005〕52号），2007年颁布了《关于加快推进农村承包经营权流转的意见》（嘉政办发〔2007〕106号），两个文件的出台，有力地推动了宅基地整理和承包地规模经营，并且为“两分两换”农村土地改革创造了前期条件。2008年，作为浙江省统筹城乡发展综合配套改革试验区，嘉兴市出台了《关于开展统筹城乡综合配套改革试点的实施意见》，对教育、户籍、就业、养老、培训等与农村土地制度改革相关领域进行了改革探索，又称“十联改”。同时出台了《关于开展节约集约用地试点加快农村社区建设的若干意见》，在全国较早开展了农民集中居住试点工作。

（2）提升社会保障水平

浙江省嘉兴市实施“新土改”的出发点是节约集约农村用地，以满足工业化、城镇化对土地指标的新要求。但客观上重构了城乡关系，促进了城乡融合发展。“两换”中的一换，是农村宅基地换城镇住房。当时农村宅基地和住房是没有产权证的，通过转换城镇住房，农民取得了合法的住房产权证，实现了住房财产价值，得到了住房保障和增值，这无疑有力地增加了农民收入，受到农民的普遍欢迎。截至2010年，签约换房15 735户，农房拆迁11 022户，试点区域总面积近600平方公里。农民变市民后有了可靠的城镇住所保障。“两换”中的另一换，是用退出的农村承包地换现金、股份和养老保障，农民与农业专业户或农业企业签订期限二十年的土地流转合同，将承包经营权以每年每公顷9 000～10 500元的价格（流转费）转让给后者，流转费年递增率约3.2%～4.3%。这为新市民创业、增加收入以及养老提供了重要基础，使得新市民与嘉兴市城镇居民在市民待遇上没有太大差别，甚至收入还超过了老市民，2010年嘉兴市郊区农民拥有百万资产的人数不在少数。嘉兴市出台了《关于进一步促进城乡平等充分就业的实施意见》，规定“两分两换”自愿全部放弃土地承包经营权的人员享受就业优惠政策，3年内实现城镇养老保障全覆盖。乡镇对土地全部流转、年满61周岁的农民每人每月发放200元生活补助，或根据年龄，16周岁以上的每人提供1.2万元、16周岁以下的每人提供0.4万元养老参保补助，使失地农民参加城乡居民社会养老保险，不足部分由其个人继续缴纳，直到缴够15年、年满60岁方可领取。城乡就业和社会保障一体化体系基本建立。制定了《关于改革户籍管理制度进一步推动城乡一体化的若干意见》，实行城乡统一的户口登记管理制度和户口迁移制度，将失地农民统一登记为居民户口。户籍管理和公共服务也实现了一体化。

（3）加大全领域扶持力度

一方面，采用积极的财政政策，加大政策扶持力度。财政政策是国家干预经济的重要政策之一，嘉兴市政府通过采用积极的财政政策来保证土地置换流转的正常进行，安排了 3 000 万元资金用于农村土地流转和“两分两换”试点政策扶持，并对转入城镇的农民进行转移就业技能培训、农业专业技能培训、岗位技能培训等，为农民的顺利就业提供保障。市财政每年安排 500 万元，重点用于农村经理人、经纪人、村干部、农民专业合作社、农家乐等培训。开展农民转移就业技能培训并给予相应的补助，大大降低了农民因知识、技能与市场需求不匹配而造成的结构性失业。截至 2009 年，嘉兴市政府已经成功组织农村劳动力转移就业 15 000 人。另一方面，嘉兴市政府使用宽松的货币政策，重视金融体系创新，降低贷款门槛，对于首次购房和合理改善居住条件的住房按揭贷款，执行靠近下限的贷款基准利率比例和首付款比例，秉持不抽贷、不压贷、不延贷的原则，确保农民宅基地置换城镇住房的工作顺利进行。与此同时，嘉兴市政府为顺利引导农民退出土地承包权，专门成立小额贷款股份有限公司，探索组建农村资金互助社，创新开展农村住房抵押贷款、农村党员扶助贷款、排污权抵押贷款、土地经营权抵押贷款、农民建房配套贷款、农村住房置换担保贷款、农村青年创业创新贷款等。2010 年，全市涉农贷款同比增长 22.9%。

（4）发挥好国资平台作用

作为嘉兴市政府“十改联动”工程中的中心环节，“两分两换”主要是通过宅基地复垦产生的收益来保证资金的平衡运作，但是其所需资金可能远远大于采取“两分两换”模式所带来的收益。在启动阶段，便面临宅基地搬迁成本、社会保障费用、转移人口就业培训费用等大量支出。由于嘉兴地区经济较为发达，农民的拆迁补偿成本较高，而且置换的土地在短时间内不能变成建设用地，得不到相应的收益，造成光有资金投入没有资金收益的问题。如若流转出的土地农业经营的收益低于承包费，这种流转将难以持续。因此如果没有国有资金支持，引导农民退出土地承包权的工作很难具有可持续性。各试点单位为了保证资金的平衡运作，分别组建了投资开发建设主体，开展了融资工作。部分试点镇通过有政府背景的投资开发公司或土地流转服务平台直接与农户签订流转协议，具体做法：统一规定承包地流转租金为每年每亩 600～700 元（租期为二轮承包的剩余年限，截至 2028 年）。将农村集体资源进行确权登记后，整合农民和企业资源建立产权交易市场进行融资。由政府注册成立信托公司作为第三方，一方面以土地流转的方式集中农民的土地，另一方面再将流转的土地流转给农业公司或大户，解决了土地流转中的痼疾，推进土地流转和农民增收。

10.3 重庆梁平土地承包权退出促进土地资源重新配置

10.3.1 基本情况与主要成效

梁平县（现梁平区）是重庆市农业大县、国家粮食生产先进县。全县农业人口 72 万人，其中常年外出 32.4 万人，外出打工率为 45%。农户承包地面积 97.3 万亩，土地流转率超过 50%。改革试点村屏锦镇万年村，有 3 003 亩耕地，土地流转面积为 90%，80%～90%的劳动力从事非农工作；另一个试点村礼让镇川西村有耕地 3 728 亩，流转面积达到 3 056 亩。随着土地的快速流转，出现一个不容忽视的问题，农产品价格上涨缓慢，但农村土地流转价格日益高企，农业比较经济效益在不断下降，新型农业经营主体用地需求在减少，梁平县农民大量进城打工，土地被弃耕、撂荒现象严重。为了重新配置农村土地资源、促进新型农业经营体发展，在总结蟠龙镇义和村经验的基础上，梁平县于 2016 年 6 月启动了农村土地承包权退出试验，形成了新型农业经营主体进入农村产业和传统农民退出农村土地有机结合的“退进”联动模式。具体有两种“退进”模式，即“整户退出，集中用地”模式，“整片退出，定制用地”模式，这两种模式齐头共进，有效保证了“多乡联动，退用结合”的成功实现。农民参与承包地退出试点热情很高。截至 2016 年 8 月底，梁平县有 101 户农民自愿退出 297.47 亩土地，引进新型农业经营主体 6 个。其中川西村 9 组 70 余户，有 21 户申请永久退地，经审核永久退出土地 15 户、退出土地 82.12 亩。

党的十九大提出“建立健全城乡融合发展体制机制与政策体系”，由此进入城乡融合发展的新时期。党的十九大还明确了农村土地承包期第二轮结束后，开始第三轮承包期，延续 30 年承包时间。在城乡融合发展新时期，基于第三轮承包时间的确定性，农业转移人口土地承包权退出意愿发生了怎样的变化？影响退出意愿的因素出现了什么样的变动？这对于当前引导有意愿、有能力的农业转移人口退出土地承包权具有重要现实意义。2019 年 12 月 19 日，国家发展改革委、中央农村工作领导小组办公室、农业农村部、公安部等十八部门联合出台《国家城乡融合发展试验区改革方案》，公布了包括重庆西部片区在内的 11 个国家城乡融合发展试验区。其中，重庆西部片区试验范围包括巴南、荣昌、大足、潼南、铜梁、合川、璧山、永川、江津等 9 个区，涉及面积 15 323 平方公里。《国家城乡融合发展试验区改革方案》要求，包括重庆西部片区在内的 11 个地区在建立进城落户农民依法自愿有偿转让退出农村权益制度、建立城乡有序流动的人口迁徙制度等 11 项城乡融合发展制度改革方面深入探索、先行先试。课题组第5调研小组于2021年8月15日至9月9日，对重庆西部片区进行了深入调研，以期对城乡融合发展背景下农民退出农地意愿变化进行最新的解读，为国家城乡融合发展试验区出台引导支持农业转移人口土地承包权退出政策提供建议。

10.3.2 主要做法

（1）依据退地后用途，确定不同种类退地模式

利用好退出农地，发展产业化、规模化农业经营，是实现可持续退地的关键。2014年梁平县金带镇仁和村专业大户首小江，需要蟠龙镇义和村15亩土地，经义和村村民大会民主表决，同意首小江成为本村村民，本村20户农户退出15亩土地先流转给集体，村集体再以承包期50年发包给首小江，集体每亩得到0.45万元管理费用，退地农户得到每亩3万元收益。梁平县形成了两种土地退出模式：一种是“整户退出，集中使用”模式，考虑退出农户和新的土地承包商双方的需要，要求退出农户彻底放弃土地的承包权，然后统一对外出租或者重新发包给新的土地承包商，并由集体经济组织向退出农户支付补偿；另一种是“部分退出，定制用地”模式，承包土地的经营主体选中某一块土地后，需与原承包庄家、集体经济组织共同约定该土地的价格和使用方式，再由三方协商退地补偿、集体与承包商的利益分配、各方所需履行的责任和义务，此种模式主要考虑承包方的用地方式，具有较强的定制特点，土地退出后很快就能够得到承包利用，还有利于发展特色农业，大大提升了土地的利用效率。义和村农地退出就是后一种模式。

（2）以防范风险为底线，设置农村承包地退出的前提条件

为避免承包地退出引发社会问题，梁平县对承包地退出设置了严格的前置条件。凡是申请整体退地的农民，必须满足两个条件：一是有稳定的职业或收入来源；二是户主本人在城镇有固定住所，或户主后代有城镇住房，且整户退出的农户必须永久退出，无再次返乡务农的想法。“部分退出，定制用地”则特别强调土地退出的面积不超过该户总承包面积的50%。此举让有能力、有意愿的农民退出承包地，有效消除了农民退出全部承包地后无法满足基本生存需要的可能。符合上述条件的农户，一般都是较为富足的。他们有稳定的经济收入和居住场所，其工作和生活已基本脱离农业生产，对土地失去生存依赖。同时，梁平县严格规范退地程序，制定了包括农户自愿申请、民主决策、村镇审核、张榜公示、签约交割、注销权证和上报备案等完整的退地程序，有力地防范了退地风险。

（3）适当考虑“长久不变”，结合区位条件确定补偿额度

梁平县统筹当地地类、经济以及区位差异，兼顾国家、集体以及个人三方

的利益，适当考虑“长久不变”因素，对承包地的退出补偿标准做出了以下规定：一是民主协商，即集体经济组织和自愿退出土地的农民进行协商共同讨论决定；二是需要考虑地类、区位差异，并且综合考虑当地的年均农地流转价格与本轮承包期（2028年止）剩余年限；三是补偿标准要具有合理性、合法性以及可操作性，并且原则上将价格控制在国家征地补偿标准之内。在具体实践中，万年、川西等试点村以每亩承包地1.4万元为退出补偿价格。万年村为了提升农户退地积极性，对退地农户进行每亩2 000元的额外奖励。梁平县的退地模式没有考虑到退地之后农户的社会保障问题。在资金来源方面，包括集体经济组织自筹、承接业主付租、金融机构担保融资、乡镇借支以及县级补助等。而由于试点村集体经济较为薄弱，承接方难以一次性结转支付合同期间全部流转费用，2016年，梁平县推出《农村土地承包经营权退出周转金管理办法（试行）》，提供了160万元用于退地试点的资金周转，以川西村为例，该地“赎回”农户的承包地，就是使用了地方政府垫付的周转资金。该办法规定，当集体经济组织不能担负一次性结转支付合同期间全部流转费用时，可先由地方政府周转资金垫付，在集体经济组织获得发包或者退地出租收益时，再偿还由地方政府垫付的周转资金。

（4）以发挥集体经济组织作用为核心，推动集体资产权能改革

梁平县在进行农村土地退出模式改革的过程中，切实落实农村土地集体所有权。结合农村土地退出实践，梁平积极推进集体资产权能改革。在集体资产股份量化上，对适合量化确权的集体经营性净资产，稳妥开展量化确权，资产经营收益按股分配红利；对集体行政类和公共服务类的非经营性资产，明确归属，登记确权，落实管理维护责任，保障功能，发挥作用；对可转化经营利用的闲置非经营性资产，有效盘活，量化确权，作为按股分配红利依据，对闲置的集体建设用地等经营性资产，依照有关法律法规和政策进行处置。通过进行差异化的改革模式设计，既照顾了村与村之间在资产量、资产结构以及人员流动性等方面的差异，又为其他地区提供了更丰富的样本模式。

落实集体所有权是农村土地退出的重要前提，梁平县确保了全县集体土地所有权的行使。农村集体经济组织享有农村集体土地所有权，对农村承包土地依法享有处分的权力，充分发挥所有权的独特权能，规范和约束承包权和经营权的行使。农户行使承包权的获得、转让、互换、退出等职权，都要体现农民集体意识，切实维护农民整体和长远利益。农村承包地退出要有退出通道。村（组）集体经济组织作为发包方，建立畅通退出机制是基础。在允许试验的前提下，梁平县制定统一的办法和流程，让有稳定职业和收入来源或无力耕种的农户自愿申请，村集体组织有意接收，让“想退出”的农户“能退出”。

课题第5调研小组调查了重庆西部片区巴南、荣昌、大足、璧山、永川、

江津等6个区，对上述地区进行抽样问卷调查，总计发放问卷1 000份，收回完整问卷980份。其中，巴南问卷190份，占样本总数的19.39%；江津问卷250份，占样本总数的25.51%；永川问卷120份，占样本总数的12.24%；荣昌问卷120份，占样本总数的12.24%；大足问卷100份，占样本总数的10.20%；璧山问卷200份，占样本总数的20.41%。重庆西部片区6个地区非农收入占比80%以下的，占样本数的7.75%，80%～90%的占样本数的27.4%；90%以上的占64.9%。西部地区农村土地生存保障功能正在急速下降，如果不能及时出台农业转移人口退出激励政策，西部农地可能出现大面积撂荒和抛荒的严重问题。课题组在巴南区一品镇、永川区双石镇以及璧山区大兴镇调研时发现，很多外出务工农民的土地处于撂荒状态。从总体意愿上看，在设计了农地退出包括完全退出和部分退出两种类型的背景下，重庆西部片区6个地区愿意退出土地的概率高达90%以上，只有20个农户坚决不退出农地。课题组设计的农地退出指标包括完全退出和部分退出两个种类，对于重庆西部片区来讲，农地区位和地块属性较差，每个农户总有想退出的劣质土地。同时重庆曾经进行过农地退出梁平试验，产生了较好的社会影响，起到了示范引领作用。加之本次问卷基于第二轮承包到期后再延长30年条件设计补偿标准，肯定要高于重庆梁平基于第二轮承包期设计的补偿标准。以上因素的叠加可能促使重庆西部片区偏僻地方农户产生了较强烈的退出地意愿。正如重庆市璧山区大兴镇人民政府农业服务中心负责人所讲："城郊有大量的工厂，大部分有劳动能力的农民都选择进厂工作。每日往返两地，没有时间下地种植，土地大部分承包出去，如果有可观的补偿，他们是愿意退出土地承包权的。"非农业收入占比对于农户退出土地承包权意愿影响深远，占比越高，农民越意愿退出农地。因为农地对于农民的保障功能趋于弱化，农民在城镇务工的收入远远高于农业生产经营收入，"一个月的打工收入顶上农业一年的收入"。所以农业转移人口退出农地的关键是非农收入占比情况，占比90以上，农民就有生活安全感，就会主动退出农地换取一份财产性收入，提升城镇生产生活能力，减轻融入城镇市民化的初始成本。

10.4 宁夏平罗土地承包权退出促进农村生态环境改善

10.4.1 基本情况和成效

早在1982年，为了保护生态环境和扶持贫困地区发展，宁夏回族自治区就实施了大规模生态移民安居工程。农民主要由宁夏南部西吉县移入宁夏北部平罗县。"十二五"期间，平罗县开始陆续接纳生态移民，主要包括"插花移民、整村移民和劳务移民”三种形态。移民要退出原居住地农村土地和宅基地等，同时在移入地“插花安置”，有的需要再承包新的土地。这为优化农村土地资源配置、提高农地利用效率、推动农民市民化进程，提供了历史性机遇。宁夏石嘴山市下属平罗县在农村土地退出、补偿和利用等方面，积极开展政策引导先行先试工作。平罗县是农业大县，耕地面积 82.6 万亩，其中农民开垦的荒地 40.2 万亩，农村人口占比 60%，农户 5.7 万户。2010 年开始了农村土地确权颁证的探索，为农村土地退出奠定了坚实的权证基础。2015 年 9 月平罗县农村土地承包权颁证率达到 97.2%。

在农村土地权利权属清楚的基础上，农村土地退出试验进展顺利。由于准备充分，2011 年底，平罗县成为国家 24 个农村改革试验区之一，是唯一承担农村土地经营管理制度改革任务的试验区。2014 年平罗县被列为国家农村改革第二批试验区，承担 14 项改革任务中的农村土地退出试验任务。2013 以来，平罗县转让耕地 11 280 亩，“插花安置”移民 1 638 户，其中村集体经济内部转让交易 418 户，转让耕地 3 090 亩，交易额达 2.47 亿元，农民年均增加财产性收入 386 元。截至 2015 年 9 月，平罗县政府收购耕地 8 650 亩。由于政策引导有力，有 3 000 多户农户提交了农村承包地退出申请。受生态移民数量所限，最终 1 718 户申请者成功退出了农村土地。

10.4.2 主要做法

（1）制定引导性政策，加强顶层设计

土地承包权是涉及农民根本利益的权益，土地承包权退出面临诸多风险和挑战，因此系统制定政策、进行顶层设计引导，对于维护农民土地权益、推动土地承包权退出工作顺利展开，具有重要的现实意义。2012 年平罗县制定了《农村土地经营管理制度改革实施方案》，从顶层设计上明确了改革时间表和路线图，明确提出要构建农村土地退出机制。2013 年是平罗县农村土地改革的关键一年。这一年，平罗县先后制定了《农民集体土地和房屋产权自愿永久退出收储暂行办法》《农民宅基地、房屋、承包地收储参考价格暂行办法》，对土地收储制度和补偿制度进行了探索；印发了《推进农民向市民转变暂行办法（试行）》，对进城落户农民土地退出问题提出了明确要求；制定了《农村产权交易管理暂行办法》《农村产权交易规则（试行）》，规范了农村土地产权交易的详细程序。2014 年制定了《老年农民自愿退出转让集体土地和房屋产权及社会保障暂行办法》，开展了老年农民退地与农村社会养老制度建立的联动改革。2017 年平罗县将农村产权自愿有偿退出转让机制与农村宅基地制度改革、农村集体经营性建设用地入市制度改革、农村人居环境综合整治等有机结合，重点对空置率达到 50%以上的村庄和零星分散居住点实施退出整治，利用 5

年左右时间，实施农村集体建设用地综合整治利用工作，每年投资 1 亿元。平罗县在农村土地退出改革中，加强政策系统集成，形成政策束，从退出资格主体评估、补偿价格确定、农村社保建立、农村产权交易、农民市民化以及农村产权联动改革等方面多向发力，引导农村土地承包权退出平稳进行，为我国欠发达地区农村土地退出积累了宝贵经验。

（2）明确补偿标准，强化经济引导

政策激励农业转移人口退出农村土地承包权，关键是要切实保护农村土地集体所有制不变，维护农民土地权益。平罗县在农村土地退出改革中，坚持维护退地农民的土地权益，制定科学合理的土地退出补偿标准，由村集体收储农民土地。参照自治区 2010 年的征地补偿标准，结合当地近三年土地流转均价，根据地理区位和土地质量（肥瘦），将全县 13 个乡镇分为三类区域，并将同一区域的承包地收储价格分为三个等级。根据地理区位和土地质量等级差异制定补偿价格，一类区域为 600 元/亩、550 元/亩和 450 元/亩，二类区域为 500 元/亩、450 元/亩和 350 元/亩，三类区域为 450 元/亩、400 元/亩和 300 元/亩。对于农户第二轮正式承包的土地，收储价格每年上浮 5%；二轮承包后农户垦荒的土地，不享受收储价格上浮。因此，农户退出承包地可以获得的总补贴＝每年上浮后的收储价格×二轮承包剩余的年限。政策实施时，距离 2028 年二轮承包到期还有 15 年左右的时间，农户退出承包地每亩一般可以获得 8 000～12 000 元的补偿。平罗县政府使用生态移民工程中国家下发的每户 12 万元安置资金，又拿出 500 万元资金，将总计 1.5 亿元资金作为土地承包权退出收储基金，用于农地退出经济补偿。

（3）分层推进，形成不同引导模式

总体上，宁夏平罗土地承包权退出是基于保护环境和扶贫考虑而形成的政府主导式的土地退出。土地承包权退出补偿资金由国家和当地政府承担，采用土地收储的退出方式，与市场化退出土地承包权有较大区别。具体实践中，平罗县形成了三种模式。

①长期退出模式

退出第二轮土地承包权，保留第三轮土地承包权，这实质上是土地承包权的流转，但与个人之间的土地承包权流转又有较大区别，土地退给集体，退出时间较长，从 2015 年改革时算起，到第二轮土地承包期结束，长达 14 年，而一般个人之间土地流转时间在 5 年左右，这种长期退出是土地承包权流转的高级形态，又是土地承包权转让的初级形态。宁夏平罗县规定，自愿退出土地承包权的农户交回的二轮承包地在对外流转时，在同等条件下，原则上优先由本村农户承包经营。在确保用途不改变、承包权益不被损害、投入不降低的条件下，允许承包方进行规划开发整治，从事种养业和林业。自愿退出土地承包权的农户，如果愿意继续承包经营的，允许按退出承包地面积继续承包经营，并与村集体经济组织签订承包合同，参照当地当年承包地流转价格交纳土地承包费，承包费一年一交。

②永久退出模式

平罗县设计了土地承包权、宅基地使用权和集体收益分配权联动永久退出模式。长期退出的农户，需要将30%的经济补偿金交给村集体经济组织，但永久退出农村土地的农户，则不需要上交经济补偿金，100%获得土地退出补偿，以激励农业转移人口彻底退出农村土地，真正转变为市民，推动新型城镇化。2015年平罗县被确定为国家新型城镇化试点地区之一，积极推进农民市民化进程。永久退出全部土地权益的农户，必须放弃村集体组织成员身份。对愿意继续承包经营的，经批准并按照协议退回补偿款后，可再次承包经营不大于退出面积的土地，承包费可以一年一交，也可一次性交清全部承包期费用。退出土地承包权的农户重新承包村集体土地时，按照协议必须先向村委会提出申请，然后经村民代表会议研究同意后重新承包村集体土地（土地由村集体经济组织从预留的机动地中按规模有序发包），重新承包的土地位置与退出前不同。农户重新承包土地的价格由村集体经济组织按照当年土地流转价格标准执行，最高上浮不得超过10%。农户重新承包村集体土地的合同时间不超出二轮承包期，且按5年一个承包期签订，重新承包土地的农户要退回一次性流转补偿费用（按年计）。

③“以地退出＋农村养老”模式

农民养老问题是重要民生问题。随着中国老龄化加剧，农村人口老龄化也成为一个不能回避的重大问题，我国农业一定程度上正成为老年农业，不利于乡村全面振兴和农业农村现代化。老年农民退出农业、安享晚年，高素质农民进入农业、兴旺产业，是农业农村现代化的必由之路。平罗县进行了率先探索，形成了“平罗经验”。男60岁、女55岁的老年农民可以永久整体退出农村土地权益，换取经济补偿，进入村养老院，享受养老服务。改造两所小学为养老院。平罗县规定自愿永久退出土地承包权的农户必须参加城乡居民社会养老保险和农村合作医疗，享受农民变市民的优惠政策。仍保留农村户口的，可参与村集体资产收益分配；转为城镇户的，符合条件应享受城镇居民社保政策。在实地调研过程中，大多数农民缺乏社会保障。年轻的和有知识的农民大多数选择了外出打工，剩下少许老人、文盲和不知道出去该如何生活的人在家。大多数老年人并没有养老和医疗保障，从调查问卷来看，这部分人大多数不愿意进城，认为自己没有养老和医疗保障，在城里生活会很难，即使自己的子女会受到与城里人同等的教育，这部分人也不愿意放弃土地、不愿意进城，甚至大多数人认为进城的开销会很大，自己负担不起，但如果有了较好的养老和医疗保障，他们还是愿意退出农村土地的。

（4）注重宣传引导，增强组织领导

开展农业转移人口土地退出是提高农业土地配置效率、加快新型城镇化步伐以及增加农民收入的有效途径。但长期以来，受农耕文化的重大影响，我国农民具有“恋土情结”，自古以来农民就有“落地生根”的思想，“种地是他们一直做的工作，没有什么能让他们放弃”。还有部分进城农户对土地补偿升值的预期心理较强，在已经享受城镇社会保障的情况下，仍不愿意退出农村土地。这种情况持续下去，会造成农村土地被弃耕、撂荒，非常不利于国家粮食安全和农业农村现代化进程。解决农民问题，需要开展宣传教育。平罗县在推进生态移民土地承包权退出中，在各乡镇召开宣传会议 280 多场次、专题培训 25 场次，参加的干部 1 000 多名、村民代表 5 000 多名。成立了由县委书记和县长任组长的领导小组，成员由县土地部门、财政部门、人社部门、住建部门、农改办等县直部门，以及各乡镇和金融部门的有关人员组成。在领导小组统一领导下，平罗县协调推进农户退出土地与进入城镇的关系，减轻了农民的城镇融入成本压力和进城负担。

10.5　本章小结

国家在上海、浙江、重庆和宁夏等地开展的土地承包权退出农村改革试验表明，农业转移人口土地承包权有偿退出，促进了乡村全面振兴。上海市土地承包权退出有力地促进了家庭农场的大发展，以家庭农场为主的现代农业生产和规模经营方式已经基本成熟。从城镇化大趋势和农业农村现代化的现实需要看，上海鼓励农民永久退出土地，对永久退出农户给予了重点扶持，这是符合城镇化和农业农村现代化规律的，代表了城镇生产力和农业农村生产力发展的基本方向。重庆市梁平县土地承包权退出促进了土地资源重新配置，提高了农村土地资源利用率。为了重新配置农村土地资源、促进新型农业经营主体发展，梁平县形成了新型农业经营主体进入农村产业和传统农民退出农村土地有机结合的“退进”联动模式。利用好退出农地，发展产业化、规模化农业经营，是其实现可持续退地的关键。浙江省嘉兴市土地承包权退出为住房保障和社会保障提供了有力支撑，开展了以宅基地置换城镇房产、以土地承包权置换社会保障为主要内容的“两分两换”试点工作。即通过土地流转开展规模集约经营，加快推进农业产业化，通过盘活农村非农建设用地存量、挖掘潜力，加快推进工业化，提升了农业的规模化、集约化和现代化经营水平。宁夏平罗县土地承包权退出促进了农村生态环境的改善。宁夏回族自治区实施了大规模生态移民安居工程。农民主要由宁夏南部西吉县移入宁夏北部平罗县。“十二五”

期间，平罗县开始陆续接纳生态移民，为优化农村土地资源配置、提高农地利用效率、推动农民市民化进程，提供了历史性机遇。总体上，宁夏平罗土地承包权退出是基于保护环境和扶贫考虑而形成的政府主导式的土地退出。土地承包权退出补偿资金由国家和当地政府承担，采用土地收储的退出方式，与市场化退出土地承包权有较大区别。

11 土地经营权退出对城乡融合发展的影响：来自江苏盐城的例证

进入新发展阶段，我国在农村实施乡村振兴战略，在城镇实施以人为核心的新型城镇化战略，正在构建城乡融合发展体制机制。农业转移人口退出土地承包经营权是一个长期的历史过程，往往是先退出土地经营权，然后再退出承包权。江苏省盐城市下辖盐都区等 2 区 3 市 4 县，全市土地总面积 1.697 2 万平方公里、耕地面积 1 200 多万亩，承包地流转率达到 60%以上。2020 年盐城市农林牧渔业总产值突破 1 000 亿元，是江苏省唯一一个农业总产值达到千亿级的地级市。盐城市是江苏省农业大市，也是全国农业强市。盐城粮食总产量连续多年位居江苏省第一，获得全国粮食先进市称号，占全国粮食总产量的 1%。下属的射阳、阜宁、响水和滨海等县为全国粮食先进县。根据第七次全国人口普查数据，盐城市 2020 年全市年末常住人口 671.06 万人，其中城镇人口 430.22 万人，乡村人口 240.84 万人。城镇化率 64.11%，比第六次全国人口普查城镇化率 46.0%提高了 18.11 个百分点，年均提高 1.81 个百分点，高于全国城镇化率年均增长水平。2021 年，课题组通过对盐城市公安局、市统计局以及建湖县沿河镇沿东村等 24 个村调研了解到，盐城市农业转移人口进城退地也是以退出土地经营权为主。本部分研究以盐城市为例，探讨农业转移人口退出土地经营权的理论逻辑和实践路径。

11.1 土地经营权退出对城乡一体化的影响

11.1.1 农业转移人口土地经营权长久退出内涵界定

退出权是组织成员的一项基本权利，也是要素优化配置的前置条件。在计划经济年代，公社社员缺乏退出权利，农村劳动力不能自由流动，所以劳动力积极性不高，劳动力和农村土地要素不能流动起来，各项资源难以优化配置，由此导致农村社会生产力和整个国家经济竞争力低下。改革开放后，农民拥有了农村土地承包经营权，调动了农民生产经营积极性。但是这种权利是一种不完整的权利，它包括占有、使用、收益等用益物权，缺乏所有权和处分权（含退出权）。虽然 1984 年的中央文件规定农民拥有土地承包经营权的退出权，可以将农地退给村集体组织，但这属于无偿退出，并没有体现权利退出受益的特征。2015 年中央层面提出实行农村土地所有权、承包权和经营权“三权分置”改革，目的是放活土地经营权，促进农村土地流转和规模经营，这为土地经营权长久退出提供了历史性机遇。土地经营权长久退出是指，着眼农业农村现代化目标，农业转移人口享有土地承包权利，但要长久退出土地生产经营权利。2020 年，我国提前完成了“十三五”规定的 1 亿外出农民工在城镇落户的目标任务，但绝大多数农民进城是“带地”进城，并没有彻底割断与农地的关系。这部分带地进城的农业转移人口的承包地处于粗放经营甚至撂荒状态，即便是流转，也存在租期较短、私下无序流转、新型农业经营主体租地谈判成本过高、投资预期不稳等突出问题，影响了农业规模经营和新型城镇化质量。

11.1.2 盐城市农业转移人口土地经营权长久退出对农业农村形态演进的影响

农民永久性退出农村承包地，目前仅限于四川内江、重庆梁平、宁夏平罗以及浙江嘉兴等试点地区，并没有推广到其他地区。从 2015 年起，各地实施的农业转移人口退出承包地主要是指退出土地经营权。盐城农户退出土地经营权改革起步较早，对于促进农业规模化经营、维护粮食安全、推进新型城镇化，具有重要实践意义。

（1）农业转移人口退出土地经营权，加快了盐城农业规模经营发展步伐

通过农村土地经营权流转，实现农村土地向种粮大户、专业大户、农民合作社和农业龙头企业集中，实现农业适度规模经营。它有利于提高高素质农民收入水平、提高农民富裕程度，有利于提高农村土地利用效率，亦利于提升农业综合生产能力、增加农产品国际竞争力。2020 年，盐城耕地 1 263 万亩，承包耕地 830 万亩，其中流转耕地 530 万亩，流转比例达到 63.86%，远高于同期全国 40%左右的水平，属于全国东部地区粮田流转较快的地区。课题组盐城调查队对农户耕地流转情况的调查显示，盐城耕地规模化经营程度明显提升。24 个调查村 2019 年规模以上耕地实际经营面积 56 899 亩，占所有实际经营耕地面积的 48.1%，占承包（确权）耕地面积的 43.3%，占耕地面积的 36.9%。2020 年规模以上耕地实际经营面积 60 342 亩，占所有实际经营耕地面积的 50%，占承包（确权）耕地面积的 45.9%，占总耕地面积的 39.1%。2020 年相比 2019 年各项指标均提高 1.9 个百分点以上。

（2）农业转移人口退出土地经营权，为维护国家粮食安全贡献了盐城力量

新型农业经营主体开展种植的土地应该是大面积的，美国农场土地经营面积平均达到 3 000 亩以上，欧盟国家平均也达到 1 000 亩左右，就连跟我国国情人多地少差不多的日本，农场平均规模也达到 300 亩，而我国平均只有 100

亩。由于粮食规模经营面积较小，需要加快农村土地经营权转让，加快高标准农田建设。盐城十分重视粮食生产安全，严格落实耕地保护红线，通过农民土地经营权流转努力扩大粮田面积。2020 年已建成高标准农田面积 781 万亩，有力地促进了农业机械化，盐城农业机械化水平达到 86%，高于全国 70%的平均水平。盐城的粮食产量 2020 年为 714.31 万吨，盐城是江苏省农业第一大市，粮食总产量连续 27 年列江苏省第一，占全国粮食总产量的 1%以上。射阳、阜宁、响水、滨海等四个县为全国粮食先进县。盐城用占全国 0.18%的土地、0.64%的耕地，生产了占全国 1.1%的粮食、1.7%的蔬菜，此外，生产了占全国 1%的肉类、2.92%的蛋类、1.97%的水产品，成为长三角地区农业经济总产值唯一超过千亿元的农产品生产供应基地。

（3）农业转移人口退出土地经营权，有力地推动了盐城新型城镇化建设

盐城市是农业大市，长期以来，农业人口比重大。2000 年，盐城农业人口为 583.24 万人，总人口为 795.57 万人，农业人口占总人口比重高达 73.31%。非农业人口为 212.33 万人，非农业人口占比仅为 26.69%。但从 2015 年实行农业转移人口“带地”进城落户政策以来，非农业人口大幅度增加，城镇率得到了较大提升，盐城城镇化进程得到加快。2014—2015 年，农业总人口由 454.25 万人下降为 351.50 万人，下降了 102.75 万人，农业人口比重由 54.83%下降为 42.40%，下降了足有 12.43 个百分点；2014—2015 年，非农业总人口由 374.29 万人上升为 476.93 万人，增加了 102.64 万人，非农业人口比重由 45.17%上升为 57.60%，上升了足有 12.43 个百分点。由此可见，2015 年以来盐城市根据农村土地“三权分置”办法，放活土地经营权，引导支持农业转移人口“带地”进城的户籍制度改革取得了显著成绩（表 11-1），有力推进了盐城城镇化进程，变以农业人口为主的农业大市为以城镇人口为主的工业化新兴城市。

表 11-1　以 2015 年为拐点的盐城“带地”落户政策效果对比

年份	2013	2014	2015	2016	2017
农业人口	452.25	454.25	351.50	346.11	336.96
农业人口比重	54.90	54.83	42.40	41.67	40.79
非农业人口	371.52	374.29	476.93	484.42	489.19
非农业人口比重	45.10	45.17	57.60	58.33	59.21

资料来源：盐城市统计局。

11.1.3　盐城市农业转移人口土地经营权长久退出后市县（镇）承接机制分析

（1）为加快农业转移人口市民化步伐加快了户籍制度改革

2015 年，为认真贯彻落实“三权分置”、促进农业转移人口落户城镇，

盐城市政府颁布了《盐城市人民政府关于进一步推进户籍制度改革的意见》,《意见》规定:公民只要在本市有合法稳定住所(含租赁),不受住房面积限制,其本人及其共同生活的配偶、未婚子女、父母均可在合法稳定住所所在地落户。将在城镇参加社会保险年限缩短至六个月,并提出公民自主创业落户意见:公民依法取得工商营业执照,经营满六个月并依法纳税的,其本人即可在经营场所所在地落户。农民可带“土地”进城,农民可以选择在城市落户,保留农村土地承包经营权、宅基地权利和集体收益分配权利。

2020年盐城市又公布了《关于进一步调整户口迁移政策加快农业转移人口市民化的实施办法》,进一步放宽农业转移人口落户限制。放开有合法稳定住所人员落户限制,已婚、离异、丧偶子女可在父母稳定住所落户;放开有合法稳定就业人员落户限制,取消了缴纳社保六个月和经营满六个月的限制;放开子女投靠父母迁入限制,子女拥有所有权合法房屋可投靠父母由市外迁入落户;放开优秀农民工等群体落户限制,并将其共同居住生活的配偶、子女、父母纳入可落户范围。新办法出台以后,盐城市成为江苏省户籍准入条件最低的地区之一,农民进入城镇落户更加容易,助推了农业转移人口土地经营权退出。

(2)为提高农业转移人口市民化质量加强了城镇公共服务体系建设

2015年,盐城市完善促进农业转移人口就业的基本公共服务,保障农业转移人口与城镇户籍人员平等享有就业创业、培训指导、劳动人事争议调解和仲裁等服务;在子女教育方面,将农业转移人口及其他常住人口随迁子女接受义务教育纳入教育现代化建设和财政保障范围,并将随迁子女逐步纳入输入地普惠性学前教育和免费中等职业教育招生范围。保障未能在公办学校就学的随迁子女在民办学校接受义务教育的权利,完善随迁子女异地中高考制度和招生制度。在医疗卫生方面,将进城务工人员及其随迁家属纳入社区基本公共卫生计生服务体系,使其享有与城镇居民相同的基本公共卫生计生服务。有条件的地方将符合条件的进城务工人员及其随迁家属纳入当地医疗救助范围。在社会救助方面,按照《江苏省居民最低生活保障工作规程》,实现低保制度在政策设计、操作流程、管理服务上的城乡一体统筹发展,稳步缩小城乡低保标准差距,实现城乡居民在社会救助方面权利公平、机会公平、规则公平。

2020年,进一步提升公共服务质量。整合职业教育和培训资源,面向农业转移人口全面提供政府补贴的职业技能培训服务,加大创业扶持力度,促进农业转移人口就业创业;在住房保障方面,将已在城市落户的农民纳入城镇住房保障体系,多途径解决外来务工人员住房需求,逐步将符合条件的外来务工人员家庭纳入城镇住房保障范围。加快推进住房保障体系和住房供应体系建设，支持具有消费能力的农业转移人口通过商品住房市场自主购买或租赁住房。2021 年 8 月盐城实施了针对包括农民工在内的新市民的住房公积金制度，支持新市民解决住房问题、改善居住条件，为新市民群体住房消费提供制度支撑和保障。盐城政府为包括农民工在内的新市民建立住房公积金制度、提供缴存补贴，在全国尚属首家。

（3）为增加农业转移人口就业收入突出县城产业园区建设

以招商引资为突破口，做强县域中心城市建设的资本支撑。县域中心城市坚持内引外联，使本地资源、资产与外地资金、技术、人才有机结合，优化资源配置，带动县域经济迅速发展。坚持把引进资金、技术和项目与调整优化结构结合起来，大力吸引知名企业来本地建立生产基地，积极引进大公司、大集团的品牌、技术、资金、经营理念和市场网络，实现互促共进。截至 2019 年，盐城市县（市）区已经建成 10 个重要经济开发区，县域产业集群已经加速形成。在 2019 年全国综合实力百强县市中，射阳县和东台市位列其中，2020 年射阳县、东台市和建湖县再次荣获全国百强县称号。“人随业走”是城镇化的普遍规律，盐城县城产业经济快速发展对农业转移人口的集聚力大大增强（表 11－2）。

表 11－2　截至 2019 年盐城市县（市）区经济开发区产业一览

县（市）区	经济开发区产业体系
亭湖经济开发区	节能光电、智能装备、电子信息、文化创意
东台经济开发区	电子信息、装备制造、新材料
大丰经济开发区	新能源、新材料、高端装备制造、电子信息、现代服务
射阳经济开发区	正加快打造航空科技城、新能源汽车产业园、LED 照明产业园、智慧产业园、智能制造产业园等五大特色专业园区
大丰港经济开发区	临港产业、战略性新兴产业、现代服务业
阜宁经济开发区	新能源（包括风电装备、光电光伏和新能源汽车）、新材料、节能环保三个战略性新兴产业和机械电气、轻工食品两个传统特色产业
建湖经济开发区	重点发展节能电光源、高端装备、电子信息等一批新特产业项目
滨海经济开发区	先进装备制造、新能源材料、汽车及其零部件和电子技术
响水经济开发区	新型绿色建材、机械电子、高端纺织服装、智能制造
射阳港经济开发区	健康产业、新材料产业、新能源及其装备产业、现代物流产业

资料来源：根据盐城市各经济开发区资料整理。

11.2 土地经营权流转对就地城镇化的影响

江苏省委省政府围绕高水平全面建成小康社会和高质量发展的要求，从经济社会发展规律、人民群众对美好生活的向往和“四化同步”发展出发，以实施乡村振兴战略为引领，尊重群众意愿，推进苏北地区农民群众按城镇化规律集中居住，显著提升群众的住房条件、居住环境、公共服务水平和文明程度，真正让农民过上与时代同步的现代城镇生活。

11.2.1 农民现代城镇生活规律变迁：农民就近就地城镇化的视角

农民就近就地城镇化，是指在工业化、城市化进程中，部分农民不向城市转移，在农村地区就近就地实现了生产方式和生活方式的根本性转变，在农村地区通过经营农业过上了跟城里人一样的生活。农民就近就地城镇化有利于降低农业转移人口市民化的成本。从农业转移人口市民化成本分担机制看，农民进入大中城市的转移成本很高，政府要为进城的农民修建许多的住宅、学校、医院和养老院，提供众多的工作岗位，还要做好新老市民矛盾的社会调解工作，政府要为此投入巨额财政资金和增加更多的社会服务品供给。根据国家行政学院的研究测算，如果剔除目前农民工已享受的医疗、就业等福利，要实现1.6亿农民工进城的城镇化，政府需要新增支出1.8万亿元；与此相反，农民就近就地进入乡镇、中心村和农村新社区，个人和政府的城镇化成本都很低，这不仅减轻了农民城镇化个人资金负担，而且防范和化解了日益沉重的地方政府债务风险。

11.2.2 土地经营权永久退出促乡村全面振兴典型案例分析——盐城市郭猛镇杨侍村

乡村全面振兴，关键是产业振兴，需要农业一、二、三产业融合发展。产业兴旺和农业新产业崛起，对农村土地经营方式提出了新要求。从乡村振兴实践看，为适应人民对美好生活的追求，各地乡村结合自然条件发展休闲农业和旅游农业。乡村旅游基地需要大规模的农业用地，只有规模大，才能上档次，才有冲击力，才能更吸引旅客，所以推动农民土地经营权转让是客观必然。农民在转让土地经营权中获得租金和旅游分红，同时又能在旅游基地打工、贩卖商品、发展农家乐等，多渠道拓展了农业收入。农村土地资源流动起来，面对市场形成合理的流动价格，土地资产变资本，为农民进入小康生活提供了可靠的物质基础。

杨侍村位于盐城市盐都区郭猛镇，是拥有新四军红色文化的传统村落。

2021年，全村共有908户，农村人口3 300人，土地5 300亩，耕地3 324亩。2020年村集体经济收入220万元，农户人均可支配收入近3万元。2010年前，村子无产业支撑，是一个典型的自然落后村落。2010年开始实施土地经营权永久退出，即在自愿的前提下，农业转移人口退出第二轮承包期，以每亩600元的流转价格将土地流转给村集体，流转期限至2018年第二轮土地承包结束。村集体用流转过来的土地发展新型农业，其中用于旅游农业600亩、集体农场450亩、现代农业1 000亩、大户种植700亩。余下较零碎的土地由70岁以上老年人种植传统农作物。发展新型农业注入旅游元素，旅游与农业叠加，采取线上和线下新销售模式，增加了农业附加值。观光采摘业亩产达到15 000元，仅一个美食园年收入就达到6 000万元。留守农民到现代农业园区工作，每天能增加60～80元的收入。年轻农民到当地稳强集团工作，年收入10万元以上。通过近10年土地经营权永久退出实践，杨侍村已经从传统村落发展为集现代农业、工业和旅游业为一体的产业融合发展实体。先后荣获中国最美休闲乡村、中国最美村镇、全国美丽乡村创建试点村和全国休闲农业与乡村旅游示范区称号。

11.2.3　土地资源重新配置推进盐城市恒北村农民生态宜居型集中居住

盐城市大丰区大中街道恒北村共有11个村民小组，1 330户农户，总人口3 529人，150名党员。地处大丰城区南侧，距离城区4.5公里。总耕地面积9 180亩，其中林果面积7 260多亩，2017年全村农民人均可支配收入28 266元。从人均可支配收入指标来看，2017年恒北村农民收入是改革开放初始阶段江苏省农民人均收入的182倍，高出2017年江苏省农村居民人均可支配收入近万元，与全国百强县第一方阵江阴市、昆山市农村居民可支配收入基本持平，位居全省前列。恒北村经济社会发展走在苏北苏中甚至江苏省前列。该村先后荣获全国文明村、全国生态文化村、全国一村一品示范村、全国休闲农业与乡村旅游示范点、江苏省五星级乡村旅游区、江苏省最美乡村、江苏省新农村建设先进村等国家与省市级殊荣称号。主要做法如下。

（1）生态宜居型集中居住动力机制：提供优质公共设施与公共服务

一方面，农村基础设施建设不断完善。一是基础设施不断完善。全村的主干道全部实施了道路提档升级。三条主干道可直接通往大丰城区，城市公交绕村而过。二是区域集中供水通村达户，实现了城乡供水一体化全覆盖，全村农户自来水管道全部与大丰城区主管道连接，恒北居民用水与城区自来水同源同质同网。三是实施河道整治行动，投资1 100万元将3 800米长的恒北中心河打造成美丽生态的河道景观带。四是强化老旧房屋改造提升，全面清除露天粪坑、彻底清除乱堆乱放。建成“组保洁、村收集、镇运转、区处理”的生活垃圾收运处置体系。另一方面，农村公共服务水平不断提高。一是提档升级村卫生室，全面提升医疗条件水平。二是实现农村社会保障一体化，新型农村合作医疗和城乡居民社会养老保险参保率达到100%，大丰首个农村社会保障金融服务点在恒北营业，开通养老、医疗、惠农补贴、低保、水电费、电话费、有线电视费、存取汇款等一系列便民一卡通服务。三是农村社会治理创新加强。设立党群服务中心、村便民服务中心、社区服务中心，逐步建立信息网络，为村民提供文化娱乐、体育健身、社会救助、法律援助等综合服务。

（2）生态宜居集中型居住产业支撑：“一产”和“三产”融合发展

恒北村有着近50年早酥梨生产历史，是全国最大的早酥梨生产基地之一，通过土地经营权流转合作社辐射带动周边6个镇9个村实现果树万亩连片种植。做精产业链条，增加绿色产业附加值。通过贴牌生产、品牌合作、异地加工等形式，开发了恒北酥梨酒、恒北梨木梳等系列衍生加工产品。全村依托阿里巴巴诚信通、淘宝网、微信等各类平台，积极发展果品网络销售业务。2017年电商带动220户农户苗木、果品、旅游销售收入达3 000万元。拓展绿色产业功能，增强绿色文化底蕴。着力挖掘梨园风光特色文化内涵，打造“恒北恒美、梨缘天下”旅游品牌。打造集休闲、观光、娱乐为一体的梨园风光主题公园、中华农耕文化园、果品苑等景点。以梨园风光为特色，开发运动水壶、手机壳、梨木梳子等一系列创意产品，火爆网络。在“乡村体验游”上做文章，鼓励村民学习先进的旅游服务理念和技巧，经营民宿、农家乐，打造梨园小镇度假村，进一步满足大城市人群享受慢生活的需求。2017年接待游客32万人次，旅游收入突破1 200万元，人均增收达1 500多元。

（3）生态宜居型集中居住的关键保障：政府主导与社会各方参与

实现政府主导与社会力量参与结合的重要标志是科学制定集中居住规划。实现生态宜居型集中居住，离不开科学规划的定位和引领。早在2008年前，恒北村就着手精心编制符合区域环境保护总体要求的生态发展规划，充分考虑了农村水体资源保护、土地集约利用、农村生态旅游及农村地域文化等因素，因村制宜、科学发展，制定出《恒北乡村旅游发展规划》《恒北村总体发展规划》《恒北老村庄整治规划》《恒北新村建设规划》，实现城乡规划一体化，提高规划的科学性、协调性和可操作性。优布局。围绕新农村建设、城乡统筹、公共服务、产业发展，立足“梨园风光、生态宜居、乡村旅游”定位，全力打造“一心、两轴、三片区”（恒北新村一核心，恒北大道、中心路两主轴，东部生态果林区、中部人居生活区、西部休闲旅游区三片区）的总体空间布局。创特色。不搞千篇一律，坚持个性化塑造，在保持老村庄原有风貌的同时，新建集中居住点——恒北新村，这是苏北一流的“绿地成片、绿带环绕、绿树成荫、小桥流水”新社区。接地气。以方便群众生产生活为原则，充分听取广大村民意见，做群众看得懂、听得懂、乐于接受的农村规划。

11.2.4　农民按城镇化规律集中居住的几点建议

从国际上看，推动农民城镇化有两个路径。一是农民进城，享受城市居民待遇，农民身份变市民身份。这是农民城镇化的主要道路。另一个是农民不进城，在当地，伴随农业农村现代化，农民也享受到城市市民的待遇，公共设施、公共服务以及收入等与城市基本相同，农民就地就近城镇化。结合盐城恒北村农民集中居住成功经验，发展生态宜居型集中居住需要以下政策扶持。

一是规划体系的“多规合一”。做好各类规划之间的有机衔接，将基础设施、村庄建设、生态涵养、农田保护、产业发展等空间布局紧密结合，做到“多规合一”。集中居住是一项系统工程，必须坚持高起点规划，从空间布局、建筑风格、产业发展、社会事业、服务配套等方面进行系统全面的规划，使规划更具备科学性、前瞻性、合理性和可操作性。努力建设一批能体现江苏田园人文特色的美丽村庄。

二是项目建设的“推进整合”。持续开展交通重点工程，确保重点率先完成农村公路桥梁的新建和提档升级任务。加快完善集中居住区供水、垃圾及污水收运处理设施，推动义务教育、医疗卫生、就业服务、社会保障等基本公共服务城乡之间均衡发展，重点加大河道沟塘治理、生活垃圾治理、生活污水治理力度，完善村庄环境长效管理机制，做到有制度、有标准、有队伍、有经费、有督查，确保集中居住区环境常美常新。集中居住区要坚持因地制宜、彰显特色，以民生为本，率先在环境提升、基础设施和公共服务等方面实现突破，打造生态宜居村庄名片。

三是政府与社会力量的“协同治理”。进一步放大优势，创新发展思路、整合资源要素。强化政策支持，发挥好典型示范带动作用，凝聚起推进生态宜居型集中居住的强大合力。加强督查，落实责任，通力协作，形成合力，建设生态宜居、特色鲜明、留得住乡愁的农民集中居住区。积极吸引社会资本，倾斜资源要素，集聚政策优势，确保生态宜居型集中居住区早日落成。

11.3　“小田变大田”促进乡村集体经济和产业发展

盐城市亭湖区以稳定农村土地承包关系、尊重农民意愿和保障农户承包权益为前提，积极开展“小田”变“大田”改革，通过承包权不变、经营权连片，解决农村承包土地细碎化问题。改革过程中，该区注重发挥村集体主导作用，讲实讲透土地承包关系不变的政策，科学划定“自种区”“流转区”“预留区”：让愿意继续种田的农民在靠家、靠路、靠河位置选择整块田种植，形成相对集中的“自种区”；不愿继续种田的农民将承包地委托村集体进行流转形成“流转区”，供家庭农场等新型农业经营主体承租经营；对有返乡种田需求的农户，安排一定面积的保障田块作为“预留区”，短期租给大户或由村集体直接经营，确保种地“随进随出”。通过改革，全区 66 196 户农户的 36.22 万亩承包地，由原先的 19.75 万块合并成 4.08 万块，新增高产田 4.2 万亩以上，进一步丰富了农村承包土地“三权分置”的实现形式，提升了土地利用效率，农业生产基础进一步夯实。

11.3.1 盐东镇“小田变大田”基本情况

亭湖区盐城东镇被农业农村部列为 2022 年农业产业强镇示范建设项目镇。该镇依托资源优势和栽培基础，种植羊角椒历史逾百年，建成了江苏最大的羊角椒生产基地。“盐东羊角椒”因产量高、果色鲜红、香辣脆嫩的优良品质，获得国家地理标志产品荣誉称号，具有自主知识产权，在长三角地区拥有较高的市场占有率和品牌知名度。创建国家级农业产业强镇以来，盐东镇坚持以羊角椒基地建设为基础，以羊角椒产品加工区的开发建设和营销市场培育为推动，延长羊角椒产业链。与中国工程院邹学校院士开展紧密合作，成立江苏省首家院士领衔的羊角椒产业研究院，建设 16 万平方米的羊角椒产业示范基地项目。新认证羊角椒系列绿色食品 1 种。培优育强洪斌食品、盐红羊角椒、军杰辣椒、红杉树等新型经营主体，主体产业相关家庭农场 85 家。积极推进羊角椒绿色生态循环模式。

2021 年，盐城镇坞港、曙阳、农业园区等 3 个村（社区）进行“小田变大田”改革试点，2022 年在其他 11 个村（社区）全面推广。截至 2022 年，全镇土地确权实测面积 101 747.63 亩，扣减已征用的 609.58 亩，加上待确权面积 732.88 亩，再加中东村未确权机动地 780 亩，实有耕地 102 650.93 亩。农户大田自种比例 15.85%，土地流转率 84.15%。

11.3.2 具体做法

盐东镇充分尊重群众意愿，严格落实入户走访、矛盾收集调处、并田方案制定、土地空间布局调整等要求，合理划定自种区和流转区，规范土地流转程序，保障农户财产权益，拓宽集体增收渠道，实现了“农民富、集体强、产业兴”。

（1）宣传调查

组织学习培训，解决村组干部“不想改革”的畏难情绪。举办学习培训活动，开展动员部署，请试点村介绍“小田变大田”改革的实施经验和收益，解读《2022年亭湖区“小田变大田”改革全面推广实施方案》和相关法律法规，统一村组干部的思想认识，增强实施改革的主动性和积极性。

（2）开展调查摸底，解决农民群众“利益受损”的思想顾虑

制订方案。结合区实施方案，先后两次召集11个改革村居的书记、会计参与“小田变大田”改革专题动员会议，按照区实施方案要求，盐东镇坚持因地制宜、一村一策原则，以村为单位整体设计，科学制定村庄规划、农业产业规划和基础设施配套规划，整合调整各类用地空间，形成初步方案，力求做到田成方、路相通、渠相连。同时，结合调查摸底阶段的工作成果，充分尊重民意，召开村民代表会议，结合本村的实际，讨论各村整合方案，提高方案的可行性和可操作性。

（3）确认签字

有三次农户签字，一是入户调查签字，确认农户的流转或自种的意愿，二是与农户签订流转委托书，三是交易后与农户签订流转协议书。

（4）空间调整

按照产业结构优化、资源配置优化、综合环境优化和人民群众调整优化后变富的要求，方便自种农户种田，积极稳妥推进本村“小田变大田”改革工作，对“小田变大田”改革空间位置提出调整规划。简单地说就是从最方便种植的角度划定自种区、流转区和预留区。

（5）化解矛盾

改革是实锤子，需要群众签字认可，各类矛盾绕不过去，必须扎实化解。主要表现在六个方面：一是田间或沟渠旁的树木补偿问题，通过村木砍伐费或移植费解决；二是少数农户认为实际种植面积大于实测面积，通过实际丈量解决；三是大龄农民自己种植的问题，实行空间布局调整，通过预留区解决；四是自来水管道不方便平整的问题，通过村协调水务公司移位解决；五是邻村交界不规则的问题，曙阳与坞港、坞港与农业园区、兆丰与农业园区、新建与兆丰等，通过划归到一个村交易，最终在两村之间按各自管辖的农户进行分配解决；六是原来自主流转的同意进平台交易，通过聘请专业评估公司现场评估，参考评估报告金额，在交易公告中载明。

（6）交易产权

根据村民代表大会表决结果，先填制《盐东镇村（社区）拟进入农村产权交易平台呈批表》《涉农资金项目交易项目审批表》，附《农户土地流转委托书》，载明限期投入、出租底价、服务费标准等事项，再发布公告公开竞价出租。

（7）签订合同

按照交易结果与承租方签订租赁协议，同时与相关农户签订土地流转

合同。

(8) 整治种植

李灶、艳阳、曙阳、正洋、坞港、新建等六个村争取了高标准农田建设项目，其他村由承租人根据种植需要自行整理。

(9) 绘制成果图

根据 1998 年二轮承包土地地块资料和土地确权的成果图绘制改革前现状图，再根据各村（社区）“小田变大田”改革情况，针对形成的流转区、村民自种区、外出务工劳动力返乡种田预留区，绘制改革后成果图。

(10) 总结提高

各村（社区）撰写“小田变大田”改革总结，整理装订“小田变大田”改革资料。

11.3.3 改革成效

一是大力度解决了地块细碎化问题。盐东镇土地二轮承包地块数为 37 723 块，除土地征收 609.58 亩、消亡地块 206 块外，耕地地块 37 517 块。现有大田和宅周自种田块 11 520 块，通过改革缩减地块 25 997 块。二是多渠道提升了耕地的产出能力。改革过程中，盐东镇先后争取到 34 000 亩的高标准农田建设指标，自规部门占卜平衡土地复垦整理项目 2 000 亩，承租户自行平整近 15 000 亩，近三年累计整治改良土地超 50 000 亩。平整埂、沟、渠溢余面积达 5%左右，增添小型水利设施，便于机械化作业，自种农户分散的田块集中为一户一块田，全镇粮食产量从改革前的 1.05 亿斤，变为改革后的 1.30 亿斤。三是大幅度增加了村集体经营性收入。2020 年村级集体经营性收入为 1 062.15 万元，村平均为 75.87 万元，最高的李灶社区 150.84 万元，最低的新建村 40.77 万元；2022 年村级集体经营性收入 1 485.62 万元，村平均为 106.12 万元，最高的洋桥村达到 200.8 万元，最低的兆丰村也达到了 58.78 万元。四是极大地惠及广大百姓。因“小田变大田”产生了较好的改革效应，干群关系变得紧密，村级实力得到加强，各村免去“一事一议”筹资筹劳的收缴，部分村为群众兴办了长者食堂、给 70 周岁以上老人发放生活补助、发放困难大学生助学补助，所有村为村民投保乡村振兴保、村民医疗互助“福村宝”等。五是有力地加快了乡村振兴进程。实施“小田变大田”试点改革后，通过田块互换实现“一户一块田”，盘活了土地资源，通过租赁租借、入股合作、保底分红等形式带动农民个人和集体经济双发展，实现农民土地入股挣股金、资金入股挣收益金、基地就业挣薪金，推动多方面富民。

高质量推进羊角椒产业发展，规模经济是基础，土地是关键。盐东镇结合羊角椒产业发展，大力推动高标准农田建设。园区抢抓全省新一轮农村改革试验机遇，承担省级改革试验区“小田变大田”和“高标准农田”改革试点任务，整平小地块之间的田埂、垄沟，消除了田坎间的“沟壑”，使水渠和小路得到复垦，提高了土地利用率，实现了“集碎为整，一户一田”，2022年，园区亩均土地流转租金为1 200元/年，促进了农民增收。与此同时，通过高标准农田建设，增加有效灌溉面积，有效灌溉面积增加至2 000亩。通过测土配方施肥等技术提高用肥的精准性和化肥利用率。生产过程中应用合理轮作、土壤培肥等生态工程技术，对土壤环境进行净化和修复，盐东镇及周边生态环境质量不断提高。

11.4　本章小结

土地承包权退出分为永久退出和长期退出两个模式：永久退出是不再享有第三轮承包权利，农民彻底转变为城镇市民；长期退出是指仅仅退出第二轮承包期，保留第三轮再次承包的权利。从我国工业化、城镇化和农业农村现代化水平看，长期退出应当是当前土地承包权退出的主要模式，永久退出是次要模式。从2015年起，各地实施的农业转移人口退出承包地主要是指退出土地经营权。盐城农户退出土地经营权改革起步较早，对于促进农业规模经营、维护粮食安全、推进新型城镇化，产生了重要实践意义。农业转移人口退出土地经营权，加快了盐城农业规模经营发展步伐，为维护国家粮食安全贡献了盐城力量，有力地推动了盐城新型城镇化建设。杨侍村位于盐城市盐都区郭猛镇，2010年开始实施土地经营权永久退出，通过多年土地经营权永久退出实践，杨侍村已经从传统村落发展为集现代农业、工业和旅游业为一体的产业融合发展实体。先后荣获中国最美休闲乡村、中国最美村镇、全国美丽乡村创建试点村和全国休闲农业与乡村旅游示范区称号。盐城市亭湖区盐东镇通过土地经营权长期退出，实行“小田变大田”改革试点，大力度解决了地块细碎化问题。该镇依托资源优势和土地基础，建成了江苏最大的羊角椒生产基地。“盐东羊角椒”因产量高、果色鲜红、香辣脆嫩的优良品质，获得国家地理标志产品荣誉称号，具有自主知识产权，在长三角地区拥有较高的市场占有率和品牌知名度。该镇被农业农村部列为2022年农业产业强镇示范建设项目镇。

12 农地制度变迁中平衡好各方土地权益的东亚启示：以日本为例

土地是财富之母，是我国农民最重要的资产。伴随着城镇化和农业现代化，农地作为生产要素资源，必然要流动起来。只有合理配置农地资源，才能提高农地利用效率和劳动力使用效率。在合理配置农地资源过程中，利益保护导向至关重要。国家要根据经济社会发展新情况，适时调整土地利益保护关系，兼顾土地各方权益、明确保护重点、增加保护主体。2019 年 11 月 26 日，中共中央、国务院印发的《关于保持土地承包关系稳定并长久不变的意见》指出，土地问题贯穿农村改革全过程，涉及亿万农民切身利益，平衡好各方土地权益，是党的执政能力和国家治理水平的重要体现。实行“长久不变”，进一步明晰集体与农户、农户与农户、农户与新型农业经营主体之间在承包土地上的权利义务关系，合理调节利益关系，这为我国农地利益调整指明了新的方向。日本作为农业农村现代化先行的亚太国家，第二次世界大战后重视对农地各方权益的维护，通过及时修改有关农业法律，不断调整各方农地利益关系。其平衡和调整农地各方利益关系的做法，对于我们落实好农村土地承包关系稳定并长久不变政策，具有借鉴意义。

12.1 日本农地利益调整的历史逻辑

第二次世界大战后，日本农地制度经历了禁止土地买卖—土地所有权买卖—土地经营权租赁—稳定土地经营权的变迁过程，以维护各方土地权益为引领，推动农村土地适度规模经营，实现了日本农业高质量发展。稳定农村土地经营权，强化经营权的用益物权保护是日本农地利益调整的趋势。

12.1.1 赋予佃农土地所有权，保护土地所有者权益

二战后日本经济面临崩溃，为了提高粮食供给、平抑物价、稳定社会，在美军司令部的主持下，日本先后于 1945 年、1946 年两次进行农地改革。通过强制手段从地主手里买取土地，然后按国家统一规定的价格卖给佃农，从而建立了以土地的小规模家庭占有和经营为特点的“耕者有其田”的自耕农制度，

保证了农地所有权和经营权的统一。为顺利推进改革，1946年9月，日本制定了《自耕农创设特别措施法》，巩固了农地改革主要成果，保护了农业生产者的土地权利。同时公布了《农地调整法改正法》。《农地调整法改正法》规定："政府在两年内强制收购不在村居住地主的佃耕土地和在村居住地主超过1町步（约为1公顷）的佃耕土地，原则上将其卖给佃农，除非特殊情况，地主不得收回土地。"改革之后，日本政府从全国176万户地主手里购买了174公顷土地，并将其卖给了475万户佃农。日本耕地中的自耕地和佃耕地的比例也发生了重大变化，1945年是54%对46%，而到了1950年该比例是90%对10%。从自耕农户数上看，自耕农户数由1945年的172.9万户上升到1950年的382.2万户，从数量上看增加了约120%，其在总农户数中所占的比例由31%上升到62%。为巩固和保护农地改革的成果，1952年日本制定了带有自耕农主义色彩的《农地法》，限制地主土地规模，增加佃农耕地面积。《农地法》是日本农业土地制度的核心，经历多次修改，核心要义是保证农民拥有一定数量土地，为农民增加收入、提高社会地位奠定土地基础。该法出台的目的在于保护耕作者的权利，确保优质农地用于农业，对土地权利转移和用途转移实行严格的规制，防止土地再次集中到少数人手中和农地非农化，在法律上确立农户对土地所有的永久地位。

二战后的日本在20世纪50年代后期走上了高速增长的道路。在工业化与城市化加快发展的同时，农业与非农行业的差距逐渐拉大，农民无心务农，兼业趋势明显，农村大量劳动力向非农行业转移，在全国范围出现了弃耕抛荒和土地利用效率下降现象。与此同时，1952年的《农地法》推行的自耕农主义的农地政策，基本建立了农户农地平均1公顷左右的日本小规模经营模式。但是在工业化进程中，土地小规模家庭占有和经营的生产率低下，农民收入增长缓慢，城乡收入差距扩大，这在客观上要求农地要素流动来实现规模经济。在此背景下，日本开始对农地权利转让进行试探性改革。1961年，制定了《农业基本法》，其目的是放宽对土地的规制，促进土地流转，培育"自立经营农户"和推进农地所有权的转移，使从事非农产业的农户将土地转移到专业农户手中，实现农业的规模经营、提高农业生产率，进而缩小农业与非农业间的收入差距。1962年，日本对《农地法》进行了第一次修改，此次修改放宽了农户拥有土地面积的最高限制，取消农户占地最高限额（3公顷）以及农业生产法人拥有、购买或租地的最高面积限制，放开农地所有权限制，允许农业企业法人拥有农地私有权，也允许兼业农户将自己的土地委托经营，增设了农业生产法人制度和土地信托制度，形成了农地私有权的流转市场。但是，这一时期工业化、城市化的快速发展带来地价上涨，农户倾向于将土地视作资产保有而不愿将土地转让，因此靠促进土地所有权转让来扩大经营规模的政策目标未能实现。

12.1.2 赋予耕作者土地使用权，保护土地经营者权益

针对农民不愿意转让土地所有权的情况，日本政府尝试通过促进农地经营权流转来扩大农业经营规模，提高农地生产效率。1970 年，第二次对《农地法》进行大幅度修改，承认了租地主义。取消农户或农业生产法人购买或租赁农地的最高面积限制，放宽对农地流转的限制（如土地面积、价格、成员资格等），为农地流转和自立农户规模扩大提供政策支持。根据修改后的《农地法》，重点支持自立农户规模的扩大，促进土地所有权、使用权和转让权的合理化。1975 年又颁布了和《农振法》相配套的《关于农业振兴区域条件整备问题的法律》，允许农业生产者之间自由签订土地买卖或租赁合同，形成农地私有产权和经营权两个流转市场。为完善农地经营权流转，1980 年日本政府第三次对《农地法》进行修改，并颁布配套的《农用地利用增进法》，立法宗旨是进一步促进农村土地流转。以上的法律和政策的制定与实行，放开并推行农地经营权的流转，使得明治时期以来的“耕者有其田”的自耕农制度逐步退出历史舞台，土地所有权与经营权、耕种权的分离扩大了农业经营规模，农地制度的核心由此转向了提高农地利用效率。日本农地制度进入“农村土地管制”和“农村土地流转”并重时代，以租赁为主要形式的多种规模经营战略取得了成功。1980 年租赁田地比 1970 年增加了 30 多倍，1984 年又比 1980 年增加了 50%。

进入 20 世纪 90 年代以后，日本农村土地流转处于稳定状态。1993 年将《农用地利用增进法》改为《农业经营基础强化促进法》（简称《农促法》），体现了农业扶持政策重点的根本性转变。农业经营体一旦取得农业生产者资格，就能享受到农业用地等政策优惠扶持。21 世纪初以来，日本放宽对农地权的限制。据统计，2001 年年底“认定农业生产者”达到 7.8 万户，为农业规模化、产业化发展提供了基础。2003 年制定《构造改革特别区域法》，首次为包括公司在内的“农业生产法人之外的法人”参与农地流转开辟了道路，设立“构造改革特别区域”（简称“农业特区”）。与此同时，为应对撂荒耕地激增的现象，推动村落营农组织高效稳定地开展农业经营，设立了特定农业团体制度。2005 年对《农促法》进行修改，开设了“特定法人出租事业”，允许非农生产法人参与农地流转。2009 年，对企业进行农地流转相关办法进行修订，对企业通过租赁农地参与农业生产的行为，实行“原则自由化”，即只要企业满足一定的条件，就可以在日本国内任何地方租赁农地，参与农业生产经营，从而进一步地促进农地流转。

日本以土地利益调整为引领，推动了农业经营体高质量发展，主要表现在：家庭经营内部发生变化，销售农户数量不断减少，农业副业化程度加深，家庭经营体占农业经营体的比重不断下降，组织经营法人化趋势增强；农业法

人经营初具规模，土地流转加速，耕地开始向组织经营体集中，农事组合法人和公司数量快速增长；集落营农快速发展，农协加大改革力度，集落营农组织服务功能突出。

12.2 日本农地利益调整的制度创新

日本农地制度进入“农村土地管制”和“农村土地流转”并重时代，农地利益保护也需要做出相应调整，以平衡土地各方权益。日本从经济手段、行政手段和法律手段三方面入手，兼顾农村土地流出方和土地流入方利益，引导形成土地权益保护分享机制。

12.2.1 从保护土地所有者权益方面看，形成了独具日本特色的多层次、多类型的养老保障制度

为了保障高龄农民的晚年生活、促进农地经营权的流转，日本政府在20世纪50年代末创设了农民年金制度。历经多次修订与调整，逐步形成了独具日本特色的多层次、多类型的养老保障制度。目前日本农民年金制度由国民年金、国民养老基金和农民年金三部分组成。这不仅促进了农业经营权向家庭内继承人转让，使农地经营年轻化，维护农地经营的稳定，而且在促进兼业农户离农、便于农地流转与规模经营方面也发挥了较大作用。从实施的效果来看，农民养老制度既保障了老龄农民和离农农户的生活，又保证了农地保有的合理化，促进了农地流转与规模经营，提高了农地利用率。日本关于农村社会养老的主要法律如表12-1所示。

表12-1 日本关于农村社会养老的主要法律

年份	法律名称	保险对象	支付标准
1959	《国民年金法》	全体国民	维持最低生活水平
1970	《农业劳动者年金法》	务农时间年均超过60天的农民	在支付国民年金基础上发农业劳动者年金
1982	《老人保健法》	70岁以上老人	全体国民负担70岁以上老人医疗费
1990	《国民年金基金法》	缴纳附加保费保险人	在支付国民年金基础上支付附加养老金
2000	《护理保险法》	40岁以上缴纳护理保险费的保险者	70岁以后或65岁以后卧病在床享受护理服务

资料来源：刘吉双，衣保中．日本农村社会养老保险中的政府主导作用［J］．现代日本经济，2013（2）：73-80.

12.2.2 从保护农地使用者方面看，综合实施财政、金融、保险政策，稳定提高农民收入

一是重视财政补贴作用。日本有大米生产补贴、旱地农作物助成补贴、土地利用效率提高补贴、支付水田活用补偿交付金等补贴制度。农户种植面积越大，领取的补贴就越多。除了这些长期补贴政策外，日本政府还会根据农业生产形势出台应急措施。如 2007 年，由于水稻种植面积超过计划，产量提高而使得市场价格下跌，为此日本政府启动了《水稻应急措施》，向农户购买了 34 万吨水稻，并限制向市场投放水稻。二是重视金融制度的支撑作用。1963 年为给农民提供开垦土地所需资金、改善园艺经营所需资金、扩大畜牧经营资金以及推动改善农业结构所需资金而创设了“改善农林渔业经营结构资金融资制度”。1968 年对《农林渔业金融公库法》进行修改，并创设了“综合资金”，这不仅给以自主经营或相当于自主经营的农业经营法人改善农地提供了资金支持，而且还为农业经营者提供改良农用地、获得农用地、购买农用设施、发展果树栽培、开展畜牧经营所需的贷款。形成了以农林公库资金、天灾资金、农业改良资金、农业近代化资金和畜产特别资金为核心的农业金融体系。三是重视农业保险政策。现行农业保险制度的主要结构是以保险合作社、农业保险组合联合会和政府为中心的三级组织结构，三个层面相互联动，形成了互助、保险、再保险的三级体。这三级组织形成三重保障机制，为日本农业的发展起到重要保障作用，成为日本农业保险机制的核心。

12.2.3 从农地利益调整监管机制看，构建多元组织治理保障形式

在农地流转的改革过程中，日本政府发挥多元组织形式的治理作用，从实施的结果来看，有效地平衡了各方利益，提高了农地利用率，对日本农业的发展产生了深远影响。创设了农业协同工会、农业法人、企业等主体、认定农业者制度以及认定新规农业者制度等组织治理形式。农协是农地流转过程中最重要的中介组织，不仅提升了农地流转的速度与效率，而且保证了农地流转的成功率，确保了广大农户的各种利益。截至 2015 年底，日本共有农协 679 个。在农地流转中，日本的农协等组织机构，为农户提供土地整治、技术培训等方方面面的土地服务，解除了农户的后顾之忧。农业法人是指以法人形态经营农业、依法享有民事权利并承担相应义务的组织。农业法人主要有农事组合法人、农业生产法人、合伙公司、合资公司、合同公司和股份公司。为了提高农业产业化水平，促进地域经济的振兴和发展，1993 年的《农促法》及 2003 年的《农地法部分修改法案》放宽了对从事农业生产所需的雇员数量以及天数的规定。农业法人逐渐成为日本农业经营的一股重要力量。企业等主体可以自由

租赁土地进行农业生产经营，租赁期限由以前的 20 年延长到 50 年。企业流转农地不能影响周边农业的发展，并且不能是短期投机行为，必须拥有一定的农业机械，并且取得农地后应具备一定规模。创设了认定农业者制度（图 12－1），使土地能迅速地向认定农业者流转，推动农用地有效地集约利用。农业者把经营计划书提交给市町村，经审核后成为“认定农业者”，并可享受政府的各种支持。这些支持措施包括税制优惠、各种补助金及农业者年金补助等。日本国库对农业者年金补助一半的保险费。截止到 2016 年 3 月，日本的认定农业者达到 246 086 个，其中农业经营法人有 20 532 个。

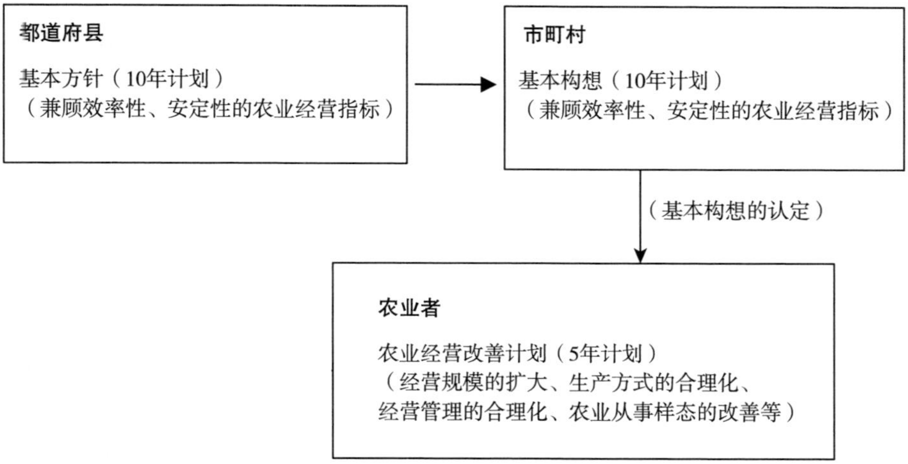

图 12－1　日本的认定农业者制度

为解决农业人口锐减的困境，日本政府从 1990 年开始实行认定新规农业者制度，鼓励年轻劳动者从事农业生产。该制度的主要做法是：有意愿从事农业的年轻劳动者，向市町村提交“青年从事农业计划书”，经审核后成为认定新规农业者。成为认定新规农业者后，可以享受农业新生代人才投入资金、青年从事农业资金贷款、经营支援事业补助、农业经营基础准备金制度、加入经营所得收入安定对策等国家支持。

12.2.4　从农地利益调整法律制度看，坚持以市场机制为导向，适时修改与调整、增设配套法律政策

这既有利于保持农地制度的连贯性，又有利于充分发挥法律制度对农业土地各方权益的保护作用、规范作用和巩固作用。截至 2009 年，日本颁布的涉及土地和农业方面的法律共有 130 部之多，其中的《农地法》《农振法》《土地改良法》和《农促法》是日本农地制度的基本框架。《农促法》是指导农地流转与规模经营的重要依据。20 世纪 60 年代初，日本政府及时制定了《农业基

本法》，主要手段就是促使小农退出农业，扶持仅靠规模经营就能自立的家庭农场。日本政府并没有通过强制手段促进大农兼并小农，而是利用《农协法》引导农民100%加入了农协，发展农业共同经营制度。从《农地法》《农地改良法》《农促法》《农振法》再到《农地征收法》，日本构建了完善的农业土地权益保护法律保护体系，并有解释条文、配套法规，具体细致有可操作性，为调整土地利益关系提供了重要的土地法律基础。

12.3 本章小结

工业化、城市化和农业现代化是国家现代化的重要标识。世界现代化史表明，农村土地制度变迁对工业化、城市化和农业现代化影响深远。其中特别值得一提的是，农民土地权益保障和利益关系的不断调整，十分考验政府治理能力和治理水平。日本政府根据经济社会发展情况，调整农村土地各方利益关系，平衡土地权益，促进了农业农村现代化发展。措施包括修改法律、完善组织治理以及政府经济宏观调控等。虽然农地所有权制度不同，但中国农村耕地情况与日本有很类似的地方，两国在东亚都属于耕地资源稀缺的国家，经营方式上也都以小规模家庭经营为主，又都面临农业人口老龄化和农业兼业等相同问题。在农村土地制度变迁中，日本平衡农村土地各方权益、调整利益关系的做法值得我们借鉴。

第一，坚持农业农村基本经营制度，完善小农户农地权益保护机制。

目前我国小农户经营农地规模达到承包地的60%以上，小农户仍然是我国粮食生产和农产品提供主体，在农业农村现代化进程中作用是巨大的。为此，在我国农地制度变迁中，始终不能忽略小农户的土地权益保护问题。一是要继续坚持家庭承包经营制度。实践证明，对农业农村而言，家庭经营是最有效率的，能够做到土地资源利用最大化和粮食产量最大化。所以要持续稳定和坚持这一有效制度。二是要完善小农户农地权益保护制度。早期，小农户农地权益保护制度重点在于稳定家庭承包经营制度，对放活承包地权利重视不够。承包地也是生产要素的一种，只有流动起来才能实现保值和增值。稳定家庭承包经营制，只是让农民实现了承包地的生产价值，仅仅维持了农民的生存需要，放开农村土地权利，通过土地经营权流转和抵押能实现承包地财产价值，这才是对农民土地权益的真正保护。三是做好小农户与现代农业有机衔接。小农户的土地是碎片化的，靠小额和碎片化的土地实现农民致富的目标是不现实的，唯有将小农户与现代农业紧密结合，才能在现代农业发展中带动小农户发展壮大。因此小农户可以通过土地经营权流转、土地托管、加入农村社会化服务组织等方式，用土地权益流动拓宽收入渠道。

第二，健全土地经营方权益保护体系，加大对新型农业经营体的扶持力度。

日本农地流转政策设计都是围绕骨干农户和核心家庭经营保护展开的，在农地流转过程中及时总结经验，根据社会经济结构发展与变化，适时调整政策扶持重点，总的趋势是重点保护农业经营体。如为促进土地流转与规模经营而设立农地保有合理化制度；为留住和吸引农业从业人员，设立认定新规农业者制度；为保障农业者老年生活，设置农业年金制度；等等。从日本的经验来看，政府注重保护农村土地流入方利益，提高了农民参与规模经营的积极性，推动了农业经济的复兴与发展。我国以农地流转为中心的农地改革，早期保护的重点是农村土地流出方的利益，农业补贴发给农村土地承包方。但现实问题是，农村土地流入方权益得不到充分保证，新型农业经营主体得不到社会平均利润，就会出现专业大户退地、农村土地撂荒、农村土地承包方利益受损的问题。为促进农业现代化发展，加快农村土地适度规模经营，重视农村土地流入方利益，平等保护规模经营者权益，就有了重要性和紧迫性。一是我国要因地制宜、因时制宜，与时俱进地制定农地流转政策，加速农地的规模化经营与集约化利用，使规模经营农民切实受益是农地流转的出发点。二是在粮食适度规模经营扶持政策上，要加大农业补贴力度，政策目标是“谁种粮食就补贴谁，谁多种粮食就多补贴谁”，让粮食适度规模经营主体在粮食生产中发挥骨干和生力军作用，确保我国14亿人口的粮食安全。三是要加大对新型农业经营主体直接补贴力度。2007—2009年，日本用于农业补贴支持的总支出达到519亿美元，相当于农业总产值的65%，其中对生产者补贴就达到414亿美元，农户收入中的47.3%源自农业补贴的转移支付。直接补贴比重在不断增加。在实施新型农业经营主体培育工程的过程中，我们要积极探索完善直接补贴政策，通过加大直接补贴力度，提高农户收入，促进耕地集中流转，提高规模化经营水平，培育高素质农民队伍。

第三，创立创新现代农业生产制度，形成农村土地权益保护分享机制。

日本政府通过不断修订与完善法律制度，为农地流转提供共同利用组织、集体栽培组织及托管服务组织、农业法人（农事组合法人、涉农企业、农业生产法人）等多种选择。各类农业生产经营组织分工明确、合作协调，这些组织既可满足专业农户的生产需求，如农协可为农户提供从种植到收获及销售的体系化服务，也可以为兼业农户、副业农户提供农业机械服务、技术指导、金融保险服务等。

应借鉴日本经验，培育和壮大我国新型农业生产经营组织，如引导专业大户、家庭农场、合作社和龙头企业发展，加强这些组织间的分工与融合，创新如“龙头企业＋合作社＋农户”“合作社＋家庭农场＋农户”“龙头企业＋家庭农场+农户”等组织模式，在平等、自愿、互利的基础上组建新的农业生产经营组织，确保农地流转后能得到综合利用。同时，也要充分尊重农民的开创精神，如小岗村的土地包产到户的历史性创举，加大改革试点的范围，鼓励探索培育多种类型的农业生产经营组织，可进行农业法人组织创新探索。建立农业法人制度有利于加强内部生产经营管理，促进管理科学化。种植业要有效率，内部分工非常重要，分工促进专业化、精细化和熟练化。设立农业生产法人，并且与之相对应，形成分工明确、相互制约、财务清楚的内部科学生产经营管理制度，可克服传统农业没有分工、不讲成本、缺乏效益的弊病，有利于催生节本提质增效的现代农业生产模式。与传统农户相比，规模适度的农业主体种植面积扩大、种植品种增加、贷款资金额度上升。为了保证农业法人盈利，要引进现代经济核算方法，以节约成本、增加经济效益。

13 农地制度变迁中激进城市化的国际教训：以拉美地区为例

13.1 拉美地区城市化的教训

取得民族独立较早的拉美国家在19世纪晚期就开始了城市化进程，到20世纪初期，拉美国家城市化率已经达到20.3%，其中经济实力最强的几个国家的城市化率已经超过了当时某些发达国家。拉美地区独立之后，依靠国内外优势，经济开始得到发展，20世纪50年代经济发展迅速，但在70年代后期却出现经济滞后现象，陷入“中等收入陷阱”，奇迹式增长消失，在此后的发展过程中也未能实现进一步的突破。

拉美国家的城市化大都有相似的历史过程。在1870—1930年，经历了以农产品、矿产品等初级产品出口繁荣为特征的经济增长阶段。在这期间，由于外商投资、铁路铺设及港口兴建，拉美地区城市主要人口为外国移民，而不是国内的农村人口。以巴西为例，1888年，奴隶制的废除使得奴隶可以作为自由人进入城市，加之大量的欧洲移民，推动了城市规模的扩大、加速了城市化进程。1930—1970年，拉美国家实施进口替代发展战略，带动了中心城市的快速发展。20世纪50年代到70年代的30年间，拉美地区工业生产值增长了5倍，年增长率为6.6%，特别是巴西的城市化水平从36.2%上升到67.6%，比发达国家达到相同的城市化水平的时间快了20年。由于各国的工业大都分布在中心城市，圣保罗市、墨西哥市等中心城市的聚集作用开始显现，农村人口大量涌入城市。在这期间，拉美城市人口增长40%来源于农村，详见表13-1。

表13-1 拉美总人口、城乡人口增长率（‰，按照5年期分类）

年份	1975—1980	1980—1985	1985—1990	1990—1995	1995—2000	2000—2005	2005—2010	2010—2015	2015—2020	2020—2025（预期）
总人口增长率	23.6	21.6	19.7	17.6	16.0	14.6	13.4	12.0	10.7	9.3

（续）

年份	1975—1980	1980—1985	1985—1990	1990—1995	1995—2000	2000—2005	2005—2010	2010—2015	2015—2020	2020—2025（预期）
城市人口增长率	36.0	30.0	27.6	24.8	23.0	20.0	17.5	15.3	13.3	11.5
农村人口增长率	2.4	5.0	1.8	−0.9	−4.3	−3.0	−2.0	−1.4	−1.0	−1.1

资料来源：CEPAL. Centro Latinoamericano y Caribeño de Demografía（CELADE）［J］. *América Latina*：*proyecciones de población urbanarural*，1970－2025：31.

1975—1980 年拉美的总人口增长率 2.36%，达到增长的高峰。农村人口增长率在 1990—1995 年转为负值，农村人口开始减少。种种迹象表明，拉美地区的高城市化率并没有让其步入高收入发达国家行列，反而使其长期陷入“中等收入陷阱”，这一教训是深刻的，主要表现在以下方面。

13.1.1 过度城市化

过度城市化，表现为工业化和城市化失调，城市化速度过快，城市人口增长过度。衡量城市化是否与经济发展水平相适应大致有两种方式：一是用城市化与工业化相关指标值的比率衡量。据世界银行《2020 年世界发展指标》规定，世界城市化与工业化比率的平均值为 1.48，1.4～2.5 为合理范围。拉美地区 2019 年的工业产值占 GDP 的 24.06%，城镇人口占总人口的 80.87%，城市化与工业化比率高达 3.3，远高于世界平均水平，也超过了 2.5 的合理范围极限。拉美地区没有立足于实际经济发展，过快的劳动力转移速度使得城市化速度大大超过工业化速度，造成城市人口拥挤、就业困难、贫富差距巨大、环境恶化等发展困境。二是用城市创造就业能力衡量。拉美地区的现代工业部门吸纳劳动力就业的能力有限，只能解决少部分农业转移人口的就业问题，其他失业人员为维持生计，只能转向非正规经济部门就业，导致城市失业率居高不下，贫困问题持续发酵。非正规就业的主要特征表现为工作不稳定，风险高，工资低，无社会保障，无法律保护。各种社会保障的缺失，导致非正规就业的工人也是最弱势的群体。非正规就业已经成为拉美城市经济的显著特征，至 2000 年，已经占就业比重的 47.9%，相比 1970 年增加了 28.5 个百分点。拉美国家城市化进程中较普遍的特征就是城市人口相对集中在几个最大的城市，首要城市（通常是首都）的人口是第二大城市人口的 5～10 倍，占全国人口的 40%以上。政治文化中心、对外贸易枢纽或者二者结合是这些大城市的显著特征。在经济发展进程中，由于受到资本、技术、资源等因素的限制，发展中国家大都走的是集中型城市化道路，将绝大部分力量用于发展基础条件较好的地区和城市，如布宜诺斯艾利斯和罗萨里奥两个城市的工业产值占阿根廷的66.6%。2019年，拉美人口超过100万的城市群中的人口占总人口的百分比从1960年的23.34%上升到2019年的38.18%。

13.1.2 贫民窟问题严重

人口城市化速度超过了经济城市化速度，代价就是产生大量的贫民窟。联合国人类居住规划署将贫民窟定义为“以低标准和贫穷为基本特征的高密度人口聚居区”，是不同程度上出现安全用水不足、卫生状况差、基础设施不足、住房建筑结构差、人口过密、居住权没有保障等问题的地区；巴西地理统计局认为贫民窟是指“超过50户人家汇住在一起，房屋建筑无序，占用他人或公共土地，缺乏主要公共服务设施的生活区”。总而言之，贫民窟都具有以下两大显著特点：其一，贫民窟的居民生活水平大都处在贫困线以下，教育、医疗、卫生、住房等方面得不到保障，不能共享经济社会发展成果；其二，贫民窟大都是在正常社会管理以外的自治地区，居民“乱占公共土地和山头”，给城市的社会环境和生态环境造成不良影响。美国发展经济学家托达罗（Todaro M.）从人口流动的角度提出，农村大量的理性经济人以利益最大化为目的，通过比较农村和城市的收益，大量涌入城市谋求工作，导致城市贫困人口增加、贫民窟规模扩大。截至2006年，巴西的贫民窟人口达到3 500万人，占全国城市人口的25.4%，贫民窟遍及巴西所有的大城市，并蔓延到中等城市。2016年，里约热内卢有1 020个贫民窟，200万人住在其中。墨西哥首都墨西哥城的贫民窟居民占该城市总人口的40%；厄瓜多尔首都和委内瑞拉首都的贫民窟居民均占所在城市总人口的50%；哥伦比亚首都波哥大的贫民窟居民已达到59%。据联合国人居署统计，2001年拉美城市贫民窟居民达到1.28亿人，占城市总人口的31.9%；虽然2011年已下降至24%，但仍有1.11亿人口居住在贫民窟。毫无疑问，贫民窟大都是自建房，属于非正规住宅，是拉美地区城市化进程中的特有产物，是拉美国家农村人口转移的必然结果，也是拉美地区“贫困文化”的物质载体。

13.1.3 城市病问题突出

人口规模扩大，会由规模经济带来正效应，同时也会由污染、拥堵等问题带来负效应，出现城市病。资源匮乏、基础设施落后、环境污染、秩序混乱等是城市病的具体表现。其一，资源匮乏。巴西的许多大城市都出现缺水断电现象，且人均用水量、用电量、人均能源使用量远低于世界平均水平。2011年，世界人均能源使用量（石油当量）是1 889千克，巴西人均能源使用量是

1 391 千克，远低于世界平均水平，也低于许多发展中国家。其二，基础设施落后。电力、交通、水、卫生等基础设施是城市不可或缺的部分，也是经济增长和城市竞争力的重要指标，美洲开发银行（IDB）2020 年的一项研究表明，拉美各国的基础设施供应落后于经济发展的步伐，服务质量水平远低于居民收入水平，也低于非洲以外的所有地区的水平，与亚洲和东欧的差距也越来越大。交通拥堵，波哥大、墨西哥城、圣保罗和里约热内卢均被列入世界上最拥堵的 10 个城市名单；水资源紧张和污染严重，拉美地区自来水使用率低于 60%，只有 22%的废水被安全处理，远低于 39%的世界平均水平；电力资源供不应求，拉美地区水电费高昂，停电频率高、持续时间长。其三，环境污染。由于人口膨胀、城市规模扩大，而基础设施建设滞后，不能及时处理城市废水废气，大城市的生活环境十分糟糕。“从自然生态系统向城市生态系统的转变对环境产生了不良影响”，城市居民随意倾倒生活污水，城市工厂大量排放工业废水，导致城市环境恶化。空气、水、生活垃圾等污染严重威胁城市居民的身心健康，导致城市无法长足发展。其四，秩序混乱。在拉美许多国家，特别是贫民窟地区，暴力行为、毒品交易等各种犯罪蔓延整个城市，威胁到整个城市的治安，给城市治理带来一系列挑战，制约了城市的可持续发展。2000—2010 年的 10 年间，拉美地区的凶杀率增长了 11%，暴力问题已经成为拉美地区居民关注的主要问题之一。

13.2 拉美地区激进城市化问题的原因分析

13.2.1 农民土地权益没有得到合理保护，农村和城市居民占用土地不公平

其一，土地制度改革不彻底。拉美国家在现代化进程中，虽然进行过一系列的土地改革，但都是在不消灭大地主的基础上进行的。大量的土地集中在极少数大庄园主手中，广大农民少地、无地的情况未发生根本改变。大量缺乏生活保障的农民无法在农村生存，被强制排挤出来，涌向城市谋生，即使在城市的生活条件极差，他们也很难再回到那个没有土地的农村，所以拉美国家大部分的人口流动都是单向的；还有部分失地农民在城市找不到合适的工作，生活无以为继，使社会承担的农村劳动力转移负担加重。不可否认，这些农村劳动力给城市带来了大量的自由劳动力，但是城市工业发展对劳动力的需求是有限的，不能吸纳所有的农村移民，这就导致很多无地农民成为城市的失业者和贫困者。其二，土地占用不平等。20 世纪 90 年代以来，拉美国家经历了快速城市化的过程，其中很大一部分的发展动力来自中、上阶层对居住空间需求的增加以及外商投资。外商先是对城市的基本设施进行投资建设，如城市用水、电

话线路；接着开始将大部分资金投入体现城市元素、提高生活水平等方面，如高速公路、民营工业园区、综合性购物中心等；最后，建立门控住宅小区，将居民与城市其他部分隔离，在小区内建立面向中、上阶层的购物中心、休闲娱乐中心、办公楼等。土地所有权的过度集中，造成了收入分配的过度集中、贫富差距过大，大部分贫困人口只能集中居住在城市的贫民窟内。进入21世纪后，很多拉美国家开始对贫民窟进行改造，颁布相关政策使其占有土地合法化。虽然在一定程度上减少了贫民窟的数量、改善了贫民窟居民的生活水平，但仅就巴西而言，2012年贫民窟的数量比20世纪90年代还增加了2 000个，可见土地占有不平等的现象未得到太大改善，贫民窟问题没有得到有效解决。

13.2.2 政府引导农村居民进城政策失误，收入两极分化现象严重

政府在推进工业化和农业现代化的进程中，未能合理调控农村人口流动的规模及质量，也没有积极寻找适合本国国情的城市化道路，只把促进农村人口流动当成暂时缓解社会矛盾的途径。政府制定大量向大城市倾斜的发展政策，造成了农村人口向大城市集中；城市完善的基础设施和大量的就业机会使农村人口产生了美好的憧憬，即使在城市的贫民窟中，他们也坚信生活会比在农村更加美好。城市人口的爆炸式增长，带来住房紧缺、就业困难等一系列难题。拉美地区20世纪80年代激进的对外开放政策使得大批中小企业破产倒闭，这也就导致了社会财富的集中。20世纪80年代的金融危机和21世纪经济危机，使拉美脆弱的城市化进程遭受严重打击，城市社会经济长期处在低迷状态。2012年的统计结果显示，拉美外债近两万亿美元，债务的偿还占据了国家大部分的收入。巴西公共部门的债务占GDP的65%，阿根廷占55.9%。2002年经济危机爆发后，“世界肉库粮仓”阿根廷的部分地区就出现了饿死人的惨状；“南美瑞士”乌拉圭也由经济危机引发了社会动荡，蒙得维亚穷人区发生多起超市被抢事件；墨西哥在美国经济低迷和南美经济动荡的双重打击下，有数十万人失业，贫困人口占总人口的46%。拉美地区城市规划中，没有重点关注低收入群体状况，在建房用地、社区发展以及基础设施投入等方面忽略了低收入人群的合理要求，产生了城市环境污染严重、贫民窟数量增加等系列城市病问题。

13.2.3 工业转型升级风险防范机制不健全，正规就业岗位流失严重

拉美国家在早期的工业化进程中缺乏合理的城乡规划，鼓励大量农民到城市谋生，导致近100年农村人口持续向城市移民。农业转移人口的大量增加、城市自身劳动力人口的增长，都需要城市提供更多的就业岗位。20世纪六七

十年代，随着大量农村转移人口失业、非正规就业数量增多、社会矛盾愈演愈烈，拉美各国开始反思城市化的速度和质量问题，采取降低报酬维持就业的政策应对经济衰退，但是这期间的失业率还是有增无减。从拉美各国工业导向上看，早在 19 世纪 70 年代，拉美国家就通过大量引进外资的方式进行工业化，解决了一部分就业问题，但是也忽略了国内中小企业的发展。长期的进口替代工业化政策以及国内政策支持力度不够，导致了中小企业先天不足，成为工业化发展的一条软肋。20 世纪 50 年代以来，以巴西和墨西哥为代表的拉美国家实行出口导向战略，大力引进外资，加工原料产品，出口发达国家。拉美国家由于劳动力多、工资低，吸引了大量外资，增加了工作岗位，在一定程度上缓解了农业转移人口压力。但随着劳动力成本的上升，外资开始离开拉美各国，出现产业“空心化”问题，就业岗位大量流失。与此同时，转型升级的产业如高科技产业又不适合农村转移人口就业，造成了城市失业人口剧增。以巴西为例，20 世纪 60 年代至 80 年代初期，巴西大量引进外资，依托国外市场，促进了巴西经济增长和就业岗位的增加。20 世纪 40 年代到 50 年代的十年间有 400 万人从农村进入城市，城市数量增加了 72 个。20 世纪 60 年代到 70 年代巴西的传统产业由于工人工资上涨，在国际上失去竞争力，劳动人口开始转移到非正规就业部门，如生活服务业。由于非正规就业部门局限于小商小贩等传统服务部门，而不是现代生产服务部门，因此就业工资不稳定，新增就业人群成为低收入群体，给城市化带来失业问题加剧、就业质量低以及城市贫民窟等一系列问题。历史遗留问题和工业转型升级叠加导致拉美就业问题长期难以解决。

13.3 拉美城市化教训对我国加快农业转移人口市民化的深刻启示

马克思曾经在《资本论》中对贫民窟做过这样的描述：“在伦敦，拥有一万人以上的贫民窟约有 20 个，那里的悲惨景象是英国其他任何地方都看不见的，就说是地狱生活，也不算过分。这种环境对成年人（来说）是令人堕落的，对儿童则有毁灭的作用，完全不适合人类居住。”自由放任的城市化不仅保障不了工人的基本生活，还会带来城市生态环境的恶化、激化各种利益集团的矛盾。城镇化是国家现代化的必由之路，如何避免或减少城镇化过程中出现的各种城市病是当前及今后很长一段时间务必解决的问题。党的十九届五中全会通过的《中共中央关于制定国民经济和社会发展第十四个五年规划和二〇三五年远景目标的建议》提出“推进以人为核心的新型城镇化”，立足于提高人民的幸福感、获得感和安全感，建设健康、和谐、美丽的生活空间，推动社会的全面进步和人的全面发展。

13.3.1　立足社会主义初级阶段最大国情，防止重蹈拉美国家激进城镇化的覆辙

城镇化是工业化的客观成果，是现代化的基本内容，是经济社会发展到一定阶段的必然产物，社会主义初级阶段这个最大国情决定了城乡融合发展的长期性。要尊重城镇化规律，引导农业转移人口有序进城，不能超越历史阶段、激进推动城镇化。就城市化的速度和水平而言，20 世纪 80 年代以来拉美国家已经和欧美发达国家没有太大差别，但从工业化发展水平和经济发展水平来说，拉美国家还与发达国家存在较大差距，详见表 13-2。

表 13-2　发达国家和拉美国家人均 GNP 和城市化水平

国家	2003 年人均 GNP（美元/人）	1980 年城市化率（%）	2002 年城市化率（%）
美国	37 870	74	78
英国	28 320	89	90
法国	24 730	73	76
德国	25 270	83	88
日本	34 180	76	79
阿根廷	3 810	83	88
巴西	2 720	67	82
墨西哥	6 230	66	75

资料来源：人均 GNP 数据来自《国际统计年鉴（2005）》第 51-54 页，城市人口比重数据来自《2004 年世界发展指标》第 152-154 页。

世界主要发达国家美国 2015 年的城市化率达到 81.6%，法国达到 79.5%，同年巴西城市化率为 85.7%，墨西哥为 79.2%。但与此同时美国的人均 GDP 为 55 836.8 美元，巴西为 8 538.6 美元，巴西人均 GDP 仅为美国的 15.3%；法国的人均 GDP 为 36 248.2 美元，墨西哥为 9 009.3 美元，墨西哥人均 GDP 仅为法国的 24.9%。拉美国家的城市化是人口的城市化，而不是经济社会发展的自然结果，超越了经济社会发展的历史阶段。我国作为新兴发展中大国，应立足社会主义初级阶段这个关键历史节点，农业转移人口市民化进程要做到以下几点，防止拉美国家激进城市化的错误再现。首先要注意工业化的拉动，发展好制造业和第三产业。工业化是城市化的引擎和助推器，人随业走是城市化的普遍规律。工业化和城市化协同发展，就是在充分发挥工业化在提供就业、发展经济、改善基础设施、带动第三产业发展等方面作用的同时，实现城市化有序健康发展。城市化进程中不能忽略城镇工业经济的发展，通过

工业经济积极发展生产性服务业，发挥好第三产业在吸纳就业人口、调整就业结构方面的重要作用。其次要全面推进乡村振兴，提高农产品供给能力。在没有以农业的发展为基础和没有大量农业剩余农产品的前提下，农村大量人口涌入城市，会导致城市人口爆炸、粮食供不应求、贫富差距拉大。农业现代化会释放出农村多余的劳动力，进一步推动工业化，进而带动城市化，只有“三化”协调发展，才能避免或者缓解城市病。最后要构建以共同富裕为基础的中国城镇化价值观，构建大中小城镇协同发展体系。“城市”是人类文明的结晶，是当今世界各类要素资源和人类活动最集中的地方。城市以人民为中心，服务于人民的美好生活需要；城市不能为资本服务，更不能被资本绑架；城市化不是无限扩张，应当有底线思维、有边界制衡。城市化应当实现城乡融合发展，通过不断完善大中小城镇协同发展体系，让城市、乡镇和农村居民共享城市化幸福之果。

13.3.2 维护农民土地权益，构建农业转移人口土地依法自愿有偿退出机制

以巴西和墨西哥为代表的拉美地区，大部分农民由于土地被大地产主兼并而面临破产，只能到大城市寻求就业机会，这就造成了许多农村劳动力盲目流向城市，增加了城市就业的压力。吸取拉美农业转移人口市民化的教训，进一步处理好城市化“人地关系”，要努力做到以下几个方面。第一，维护好农民土地基本权益。通过法律手段维护农民土地基本权益。农业转移人口在城市尚未稳定就业、取得城市户籍之前，保障其基本的土地承包权是维持农民基本生活的底线，也能保障农民在城市和农村两地之间双向流动。第二，构建农业转移人口土地承包权依法自愿有偿退出机制。当农民一旦在城镇完全落户，且城镇具备完善的承接机制，就要引导农民依法自愿退出土地承包经营权，给予公正合理的经济补偿。保证农业转移人口依法自愿有偿退出土地承包经营权的规范性。第三，建立以经济补偿价格为核心的退地引导支持制度。农民作为理性的经济人，以效用最大化为原则决定是否退出农村土地承包经营权。只有当退出农地总体效用大于留地总体效用时，农民才会决定退出土地承包经营权。农业转移人口进城退出土地承包经营权是存在较大机会成本的，这些机会成本包括土地种养收益、土地流转收益、土地长期保障功能、农村土地休闲养生功能等。虽然农业转移人口进城能获得子女教育改善、就业收入提高、医疗条件改善等好处，但这些改善效用一定要大于失去的效用，进城落户才会对农民有吸引力。农业转移人口虽然进城落户了，但却不想退出农村承包地，主要原因就在于目前进城的总体效用并没有大于留地的总体效用。着眼于农业转移人口市民化方向，政府要强化从经济上引导支持进城落户农户有序退出农村承包地，

提高经济补偿水平，让农业转移人口退地后土地资源变资产、资产变资本、资本变财产，让农民带着大量财产进城，减少农民个人和国家城镇化负担，实现农业转移人口市民化。

13.3.3 构建城镇相对贫困治理机制，形成新型城镇化对农业转移人口引力机制

拉美地区快速的城市化进程对应的是高增长的贫困人口，农村人口或者国外移民大量涌入，从事收入较低的体力劳动，无力购买城市住房。当地政府在相当长一段时间内忽视流动人口的住房问题，后来为解决贫民窟问题多次采用强制拆迁、驱逐居民等暴力手段，住房问题不仅没有得到解决，反而引发了一系列的社会问题。20 世纪末，拉美各国开始推行“柔性治理策略”，使贫民窟问题有所缓解。以里约热内卢的“法维拉计划”为例，巴西政府从改善贫民生活和维护贫民权益的角度出发，首先给予有条件的贫民窟合法土地产权，鼓励那些无法获得原址土地的贫民向郊区的新住宅转移，这一计划实行之初就使 2.3 万块小土地获得合法的产权证明。其次，改善贫民窟的生活条件。政府投资完善基础设施和公共服务，建设休闲娱乐设施，提供基本的医疗保障和教育资源，鼓励居民自行改造住房。21 世纪初，墨西哥政府实施机遇计划（Programa Oportunidades），提高赤贫家庭的发展能力，包含卫生计划（Programas de Salud）、社会保障和保护计划（Seguridad y Protección Social）等，意在改善贫困人口的生活条件。据统计，1990—2007 年墨西哥贫民窟人口比例逐渐降低，1990 年为 23.1%、2000 年为 19.9%、2007 年为 14.4%，且墨西哥的贫民窟增长率也控制在 0.5%。拉美国家治理贫民窟的经验表明，发展中国家要实现对贫民窟的大规模投资和改造，就必须以政府规划为基础，充分发挥政府的宏观调控作用，切不可完全依赖市场力量。

我国进城务工的农民大都是城镇中的相对贫困群体。第一，为防范贫民窟、城中村的大范围出现，必须把农业转移人口纳入城市建设规划，解决他们的住房、教育、医疗等方面需求。解决了农村绝对贫困问题后，随之而来的是相对贫困问题。相对贫困问题农村有，城镇也有，要以共同富裕思想为指导，协同治理好城乡相对贫困问题。抓住解决相对贫困历史机遇期，通过合理规划、分配资金、强化服务等办法，统一解决好农业转移人口在城镇的住房、就业、收入、医疗、教育和养老保险等问题，防止出现城镇二元结构和农业转移人口就业不足、收入较低问题，让农业转移人口共享城镇化的发展成果。第二，国家要充分发挥调节社会收入分配的职能。20 世纪 80 年代以前，拉美地区通过建立社会保障制度、加大社会开支和公共教育投入、颁布劳动法等方式调节社会收入、减少贫富差距。在未来，我国政府要加强对农业转移人口工资

收入分配和社会保险的调控和指导，并通过“提低扩中”缩小收入差距，让更多农业转移人口的“钱袋子”鼓起来，消费“旺”起来。第三，积极推进中小城市建设，重点推进县城城镇化。县城介于城乡之间，是连接大城市和农村的关键一环，既能承接大城市的非核心功能，又能带动小城镇发展。不管是从投资潜力还是消费潜力上来看，县城都具有很大优势。大城市的高生活成本和高就业要求让很多农业转移人口望而却步，相比之下小城市的低生活成本和低就业要求则可以为农业转移人口提供合适的就业岗位和生存空间。要加快补齐中小城市的发展短板，合理规划城市群的规模和布局，以城市群和中心城市建设为突破口，着力构建“城市群—都市圈—中心城市—大中小城市—小城镇—乡村”全尺度、链条式城镇化格局，形成一个结构完整、运行协调的城镇体系。

13.4 本章小结

城市化是现代化的基本内容，也是经济社会发展的必由之路。拉美地区的城市化较早，在20世纪七八十年代部分国家城市化率就超过了60%。但由于没有妥善处理好城市化进程中的“人地关系”，大量农村人口失去土地资本，不断涌进城市，产生了过度城市化、贫民窟、城市病等严重问题，成为拉美国家发展的巨大阻碍。拉美各国长期陷入“中等收入陷阱”，至今也没有进入发达国家行列，现代化进程缓慢。中国和拉美国家都是新兴发展中国家，目前中国城镇化率与20世纪拉美地区部分国家相近，也正面临跨越“中等收入陷阱”、迈向高收入国家的关键时期。对拉美国家城市化教训进行再分析，可以为我国农业转移人口退地进城提供借鉴，为构筑好农业转移人口的土地承包权退出风险防范机制提供国际经验。

附录1　深化农村土地制度改革，为建设农业强国提供土地制度保证

党的二十大，是中国共产党领导中国人民全面建成小康社会、实现第一个百年奋斗目标后，开启全面建设社会主义现代化新征程、向第二个百年奋斗目标进军的关键时刻召开的一次十分重要的大会。大会报告首次提出了“加快建设农业强国”新的目标。这意味着，农业强国将是社会主义现代化强国的重要组成部分，是加快农业农村现代化的目标导向，是对中国农业发展新的、更高的要求。

一、中国特色农业强国主要特征

农业强国是与农业科技、农业综合效益和竞争力以及乡村振兴紧密联系在一起的，农业科技强、农业综合效益和竞争力强、乡村全面振兴是农业强国的主要内涵，同时又要立足我国的国情，走有中国特色的农业强国之路。

1. 中国特色农业强国是农村人口规模巨大的农业现代化强国

世界农业强国普遍也是农业现代化国家，实现了农业机械化、农业基础设施现代化、农业土地经营规模化，这也是中国农业现代化的基本方向。党的十八大以来，以习近平同志为核心的党中央高度重视“三农”工作，把“三农”工作作为全党重中之重来抓，取得历史性成就，农业领域发生了历史性变革。农业耕种收机械化率超过70%，农地所有权、承包权和经营权“三权分置”改革有力地推动了农业适度规模经营，提高了城镇化率，2023年我国城镇化率达到了66.16%，实现了“十三五”期间1亿进城农民城镇化的目标，加快了农业转移人口市民化步伐，这些巨大成就为我国农业现代化奠定了坚实的基础。中国农业现代化其时已至，其势已成。到2035年我们有能力、有条件基本实现农业现代化，到21世纪中叶就能实现农业现代化，达到建成农业强国的战略目标。

同时也要看到，中国的农业强国建设是一个农业人口规模巨大的农业现代化建设过程。中国有十四亿人口，即便我国城镇化率达到70%以上，我国农村地区也还会有四亿多人。这与世界上农业强国只有极少数农业人口从事农业有较大的区别。西方发达国家的现代化道路往往是串联式现代化，先是实现了工业化，然后才是农业现代化。由于中国农业人口众多，如果照搬西方发达国

家现代化道路，必然造成农业的衰败、农民的贫穷。因此基于中国特殊的国情农情，中国农业现代化道路会呈现自身的特点。一方面，中国农业现代化将是一种并联式的现代化。农业现代化将与新型工业化、城镇化和信息化同步进行，有利于克服农业衰败、农村“空心”、农民贫困问题。中国农业现代化不能忽视小农户的权益。在农业现代化进程中，专业大户、家庭农场、农民合作社和农业企业等新型农业经营主体代表了农业发展的新方向，要积极鼓励其发展壮大。但同时要看到我国农业人口众多，小农户在农业经营主体中占据主要地位，要充分考虑小农户利益，做到小农户与现代化有机衔接，持续增加小农户收入，扎实推进农村共同富裕。

2. 中国特色农业强国是农业科技进步和创新的强国

加快建设农业强国，关键在农业科技。以信息技术、智能装备为引领的新一轮产业革命，推动了农业领域的深刻变革。发达国家农业现代化迈向了信息化、智能化、高端化阶段。党的十八大以来，我国农业科技进步取得了历史性成就，农业科技进步贡献率超过 60%。一大批农业科技成果得到转化应用，为维护我国粮食安全和主要农产品供给提供了可靠技术保证。截至 2021 年底，在耕地面积基本稳定的前提下，由于粮食单产水平的提高，粮食产量连续七年保持在 1.3 万亿斤以上，人均 483 公斤，超过联合国制定的 400 公斤标准。在稳定粮食产量基础上，加快农业供给侧结构性改革步伐，调整农业经济结构，加大畜禽业、水果业、园艺业、水产业等农业产业发展力度，保证了其他初级农产品的有效供给。中国人民正由吃得饱、吃得好向吃得安全、吃得有营养转变。农业科技的发展和应用，为十四亿中国人生活带来了更多的幸福感、获得感和安全感。

农业现代化是我国“四化同步”的短板，同样，农业科技也存在短板问题。与世界农业强国相比，我国农业科技贡献率还存在二十几个点的差距，特别是在种业问题上，还存在“卡脖子”关键技术问题，农业机械化水平有待加强，农业基础设施现代化水平有待提高。就我国农业内部而言，为适应现代农业高质高效、绿色发展、安全发展的新要求，农业技术进步路线也需要做出新的调整，要从过去以追求数量为导向调整为数量质量并重导向上来，平衡好提高土地产出率、资源利用率、劳动生产率之间的关系，通过提高农业全要素生产率，提升农业综合素质和经济竞争力。

3. 中国特色农业强国是以农民为主体、农民利益优先的强国

中国重视农业的传统悠久绵长，“农为邦本，本固邦宁”，农民稳定了，社会就稳定了。中国是一个农业大国，纵观中国发展的历史，农民是社会最广大群体，农民是全社会稳定的基石，农民问题是关系到国计民生的根本性问题。中国共产党建党伊始，就把农民阶级当作工人阶级最可靠的同盟军，把为最广大农民谋取幸福当作自己的初心使命，农民问题成为中国革命、改革、建设和发展的基本问题。党的十八大以来，在迎来中国共产党建立一百周年的重要时刻，我国脱贫攻坚战取得了全面胜利，现行标准下九千八百九十九万农村贫困人口全部脱贫，八百三十二个贫困县全部摘帽，十二万八千个贫困村全部出列，区域性整体贫困得到解决，完成了消除绝对贫困的艰巨任务。绝对贫困的消除，标志着全面小康社会的建成，农民收入增长速度持续超过城镇居民增长，农民生活越来越富裕富足。

实现共同富裕，是社会主义的本质要求。现在城乡之间仍然存在较大差距，城乡居民收入、基础设施建设、公共服务和人民生活水平差距需要进一步缩小，根本是要发展农村经济、增加农民收入。要体现以人民为中心的发展思想，实现好、维护好、发展好人民利益，突出农民主体地位，让广大农民分享更多利益增值，更多享受现代化发展成果，增加农民参与农业现代化的积极性、主动性和创造性。要扎实推进农民的共同富裕，通过拓展农民生产经营收入、外出打工收入、财产权益分红、农业补贴等多种收入渠道，保持农民收入上升势头，确保21世纪中叶农民群体追赶上共同富裕步伐，建成农业强国。

4. 中国特色农业强国是党建引领农业农村高质量发展的强国

中国共产党成立以来，始终注意保护农民的权益，维护农民的利益，把为广大农民谋幸福当作自己的初心使命，极大地调动了农民生产经营的积极性，为取得革命胜利、保障国家粮食安全、发展现代农业，提供了源源不断的动力保证。新中国成立后改革开放前，我国在党的领导下进行了农业社会主义改造，确立了农村土地集体所有制度，为防止农民收入两极分化、推动共同富裕奠定了坚实的制度基础。改革开放后到党的十八大，党领导了家庭联产承包制和社会主义农村市场经济体制改革，农业农村经济迅速发展起来，为工业化、城镇化提供了重要前提条件。党的十八大以来，中国特色社会主义进入了新时代。党全面加强了对新时代“三农”工作的领导，把“三农”工作作为全党工作重中之重来抓，农村发展取得历史性成就，发生了历史性变革，农业综合生产能力上了大台阶，农民收入持续增长，农村民生显著改善，乡村面貌焕然一新，为党和国家事业全面开创新局面提供了重要支撑。

从脱贫攻坚和乡村振兴实践看，一个地方农业农村的发展关键在党支部，关键在有一个好的党支部书记。“给钱给物，不如给个好支部”“村看村、户看户，党员看干部”，党支部在脱贫攻坚和乡村振兴中发挥了战斗堡垒作用，党支部书记起到把关定向的重要决策作用。用党的建设引领现代农业发展，这是中国特色农业强国一个鲜明特点，是我们农业农村现代化独有的政治优势。经过百年的革命、改革、建设，中国共产党基层党组织在农民心中威信很高、分量很重，是农民生产和生活主要依靠的组织。农村基层党组织在推动乡村振兴、发展现代农业、促进农业适度规模经营等方面，作用越来越突出、地位越来越重要。在中国特色农业强国建设中，农村党建只能加强，不能削弱。

中国特色农业强国主要特征如附图 1－1 所示。

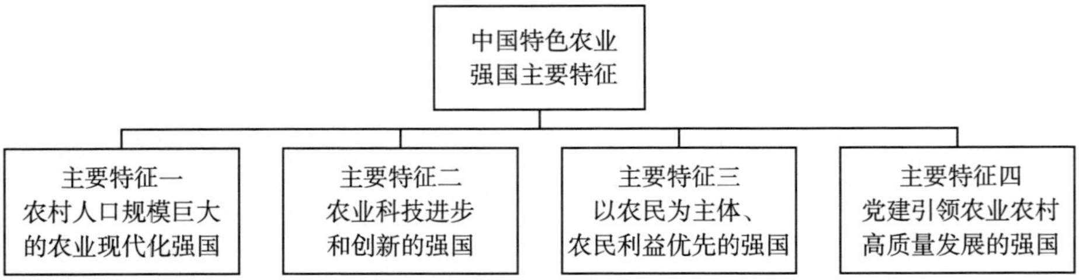

附图 1－1　中国特色农业强国主要特征

二、中国特色农业强国的实现机制

（一）牢固树立新发展理念，是加快建设农业强国的科学指导思想

创新、协调、绿色、开放和共享的发展新理念，是中国式现代化的科学遵循，也是中国特色农业强国建设的科学指导思想。首先，创新是加快建设农业强国的第一动力。创新既包括农业技术进步、农产品品牌的打造，也包括农业市场的开拓、农业流通新业态新模式的崛起。在生物技术、信息技术以及互联网、物联网发展新形势下，创新为现代农业的发展注入了新的活力，改造了传统农业。“要加强农业与科技融合，加强农业科技创新。”其次，绿色是加快建设农业强国的重要标志。农产品安全、美味是广大人民新的美好向往，农业产业要适应消费升级的需要，以绿色产品发展为导向加快转变农业生产方式，从过去只注重数量向数量和质量并重转变，要更加注重化肥农药的减量、农业面源污染治理、农业废弃物的循环利用。再次，协调是加快建设农业强国的有效途径。发展现代化农业仅靠农业内部无法实现，要形成以城带乡、以工促农、工农互惠的新型城乡协调关系。在农业内部也要形成一、二、三产业协调关系，既要重视发展休闲农业、乡村旅游，又要高度重视国家粮食安全，把国家粮食安全放在加快建设农业强国的首要位置。然后，高水平开放是加快农业强国建设的重要外部条件。相对于制造业国际综合竞争力而言，我国农业国际综合竞争力是落后的，这与我国是农业大国以及世界第二大经济体的地位是不相匹配的。因此，要积极推进农业领域高水平对外开放，提升规制、规则、管理水平，整体提升中国农业综合效益和国际竞争力。最后，共享是加快农业强国建设的最终目的。从农业内部讲，农业强国建设将持续提高农民的收入，缩小

城乡收入差距，让农民富裕富足；从城镇讲，农业强国建设为城镇提供了高质量粮食和主要农产品，提高了人民健康水平；从国际上看，中国农业强国建设为其他各国家提供了更多进口的机会，让世界分享了中国农业强国发展的成果，具有世界意义。

（二）提高农产品综合供给能力，是加快建设农业强国的总目标

世界现代化国家，往往都是没有农业短板的国家，美国是第一农业强国，欧盟和加拿大农业也很强大。对于有十四亿人口的中国来说，粮食安全是“国之大者”，保证粮食和初级农产品供给是农业强国建设的一个重大战略性课题。第一，要坚守 18 亿亩耕地红线。工业化、城镇化新增用地，要大力提高原有用地存量效率，不以 GDP 论英雄，而是以亩均产值作为重要考核指标。划定基本农田功能区，坚持禁止基本农田“非粮化”。对于耕地“非农化”，要追究刑事责任。第二，大力建设高标准农田。深入贯彻“藏粮于地”战略，提高粮食生产能力。加大高标准农田投入力度，建设好 15 亿亩高标准农田。推进“小田变大田”农村土地制度改革，彻底改变承包地分散化、细小化问题，加快推进农田方整化，为农业机械化、集约化、规模化和农业社会化服务提供土地基础。第三，要保护好农民和地方政府种粮的积极性。一方面，要让农民种粮有利润可赚。实施农业补贴精确政策，按粮食实际产量进行农业补助，“谁种植粮食就补助给谁”“谁多种粮食就多给谁”。另一方面，调动地方政府抓粮食的积极性，实施粮食安全党政考核同责制，对于粮食主产区，加大财政奖励力度。第四，要树立大食物观。随着科学技术发展和人民消费需求的多样化，人民消费的食物不再局限于谷物、肉类、水果、水产品，甚至一些昆虫都成为人们的蛋白来源。要树立向森林、向草原、向海洋等众多空间要食物的新观念，多方面维护国家粮食安全。第五，要加强农业供给侧结构性改革，走质量兴农之路。农业强国往往是食品安全之国。食品安全是富裕起来的人民对农业发展的新期待新要求。要进一步加强我国农业供给侧结构性改革，以绿色食品为导向，促进农业结构转型升级，真正做到我国现代农业发展优质、高效、绿色、安全。

（三）全面推进乡村振兴，是加快建设农业强国的重大任务

民族要复兴，乡村必振兴。全面推进中国式现代化、建设农业强国，最繁重最艰巨的任务在农村、最广泛最深厚的基础在农村、最大的潜力和后劲也在农村。美丽乡村是社会主义现代化强国的重要标志。首先，要将农业现代化和农村现代化一体规划、一体推进，建设有中国特色的社会主义乡村。“迄今为止，还没有哪个发展中大国能够解决好农业农村农民现代化问题。”在工业化、城镇化进程中，这些国家过度重视工业产业和城市的发展，农业衰败、农村凋敝、农民贫困问题严重。中国农村人口众多，在现代化进程中一定要重视农业农村现代化问题，推进农业现代化和农村现代化并联式协调发展。其次，深化农村土地制度改革，创新土地承包经营权实现形式。坚持农地集体所有、承包权农户所有、土地经营权放开，在不改变农村土地集体所有性质的基础上，平等保护土地经营权主体，调动新型农业经营主体参与农业农村现代化的积极性、主动性和创造性。保障好农业转移人口土地权益，鼓励自愿有偿转让相关权益，增加农民财产性收入。再次，维护好小农户的利益。由于中国农村人口多，农业以小农户经营为主是中国一大特色，完全照搬西方发达国家大农场制是行不通的。小农户在传承中国农耕文明、生态环境保护和适度规模经营方面，作用突出。要通过小农户与现代化有机衔接，让小农户分享农业现代化成果，共享农村土地增值利益。然后，发展好新型农村集体经济组织。新型农村集体经济组织在“小田变大田”、高标准农田建设中地位重要，要通过集体产权制度改革、公司化改造、农村土地联动改革等，不断壮大农村集体经济实力，让农村集体经济组织成为农业强国建设的重要微观组织基础。最后，以绿色发展为导向调整农业支持保护体系、金融支持体系。农业强国，绿色是鲜明的特色。要顺应人民群众对绿色、安全、有机农产品的新期待，坚持人和自然和谐发展的乡村新理念，对绿色农业进行精准补贴、精确支持，不断壮大绿色农业规模，促进现代农业向优质、高效、安全、绿色、生态方向发展。

（四）抢占世界农业科技发展的制高点，是加快建设农业强国的关键所在

从世界农业强国发展历史看，加快建设农业强国，归根结底是要加快农业科技进步和创新步伐，加强农业科技最新成果在农业领域的转化应用，始终保持在世界农业发展的领先位置。就我们国家而言，一是要抓好种子研发。建立种子库，创新种业资源，形成自主种业品牌，突出国家重点实验室建设，突破“卡脖子”种子技术，确保种业资源自主可控，为国家粮食安全和主要初级农产品供给提供可靠保证，为农业产业链供应链稳定奠定良好基础。二是要抓好物质装备水平。农业现代化最重要的体现是劳动过程机械化，与发达国家相比，我国农业物质装备还存在短板，还不能适应小农户的需要。要着眼于农业产业绿色化、农业规模适度化、农业经营新业态化，广泛开发应用适合我国农业特点的物质装备，用现代化的物质装备武装农业。大力提升农业机械化水平，既能促进农业现代化，又能带动我国制造业发展，有利于中国实体经济的发展。三是要抓好农产品质量安全。要从源头上加强农业面源管理，减量使用化肥农药，加强畜禽粪污处理。加强农产品加工管理，减少小作坊加工，促进农产品加工业规模发展。建立质量追溯体系，实施全过程监管，严格执法，坚决处理违法犯罪案件，建立食品行业黑名单禁入制度。四是抓好农村网信事业。数字经济发展和农村经济需求增加，为农村网信息事业发展提供了新的机遇。要加快农村信息基础设施建设，大力发展智慧农业，在耕种收环节普及数

字技术，广泛使用北斗卫星功能，让数字技术和智能装备成为现代农业迅速发展的“两个翅膀”。五是抓好农业科技人才培养。农业科技创新，关键在人才。要建立世界一流农业院校和世界一流科研院所。高校要调整学科布局，大力支持农林重点学科的发展。要出台支持大学生、研究生到农业农村创新创业的政策，加快形成“新农人”队伍，解决“谁来种地”的问题。要完善科技特派员激励制度，让科技特派员下得去、留得住、干得好。

（五）推进城乡发展一体化，是加快建设农业强国的体制机制保证

建设农业强国，既需要乡村振兴、农业农村优先发展，又离不开工业促进、城市带动。首先，要加快形成现代化农业产业体系、生产体系和经营体系。在巩固国家粮食安全基础上，引进城市工商资本，促进农业产业结构调整，发展畜牧业、水果业、园艺业、水产业、休闲农业、康养农业等，以此带动农业产业现代化；大力推进工业装备和信息技术在农业中的使用，用先进的物质装备武装农业，用信息技术服务农业，提高农业生产水平；培育专业大户、家庭农场、农民合作社和新型农业经营主体，引导支持城镇人才、资本、技术下乡，充实到现代农业领域，做到农业产业高级化、农业生产智慧化，农业经营电商化。其次，城镇的基础设施建设和公共服务要向农业农村延伸。现代农业发展需要良好的周边环境，一个拥有完整基础设施和优良公共服务水平的农村环境，对于农业农村现代化的实现，具有较强的推动作用。要通过合作共建、优化利用农村宅基地等方式，切实解决城市人才下乡居住难题。让医疗人才下沉，开展远程医疗诊断，缓解农村看病困难问题。加快农村 5G 网络覆盖速度，为下乡人才提供良好的网络条件。推动城乡义务教育均等化，解决城镇人才子女教育难题。然后，加快农业转移人口城镇化进程。农业转移人口进城是一个大的趋势。减少农民数量、增加农业人均耕地规模，是农业适度规模经营的必由之路。要保证农业转移人口的土地承包经营权、宅基地使用权和集体财产分配权，鼓励自愿有偿转让，不断增加农民财产收益。要健全农业转移人口农村土地退出风险防范机制，从经济补偿、退后土地利用和农民养老金发放三个维度筑牢农业转移人口退出土地安全网，有序、渐进、稳妥助力农民市民化。最后，以发展城镇服务业为重点，从住房、就业、教育、医疗和养老多方面入手，提高农业转移人口城镇融入水平。让农业转移人口真正在城镇扎下根来，才有可能解决目前农业转移人口两头占地、制约农业农村现代化的问题。要完善租购并举房产体系，让进城农民住有所居，积极发展第三产业，推动城镇劳动密集型产业发展，吸纳大量农民工。将国家财政转移支出与农业转移人口数量挂钩，调动地方政府推动农民市民化的积极性。

（六）借鉴国际发展经验，是加快建设农业强国的有效途径

党的二十大报告指出，我们要拓展世界眼光，深刻洞察人类社会发展进步潮流，积极回应各国人民普遍关切，为解决人类面临的共同问题作出贡献，以海纳百川的宽阔胸襟借鉴吸收人类一切优秀文明成果，推动建设更加美好的世界。美国、欧盟、日本、韩国是农业农村现代化的先行地区，其经验值得借鉴。特别是美国和欧盟国家是农业强国，更需要我们认真研究，积极吸收先进经验，加快建设农业强国步伐。一是借鉴美国环境补贴政策和农业生态补贴政策助推我国农业绿色发展。美国对农业生态资源和环境的保护给予了高度重视，并强调了水土保持在农业发展中的重要作用。为此，通过环境补贴和农业补贴等经济激励手段采取了一系列的休耕、退耕和保护水资源的政策，推动了农业可持续绿色发展。因此，在制定我国新征程农业保护政策时，可以借鉴美国农业法案中环境补贴和农业生态补偿政策，推动以绿色发展为导向的中国农业农村现代化。二是借鉴欧盟以农民收入直接补贴为主的农业保护政策。欧盟的补贴政策经历了从最初以价格支持为主到现在的以收入支持为主的转变。而价格补贴在发达的欧盟国家中都会加重财政负担、扭曲市场和忽略环境问题，因此，我国的农业保护政策应借鉴欧盟的农业补贴政策中的收入直接补贴。如良种补贴、休耕补贴、环保补贴等，尽可能地保护农民利益、增加农民的收入、增强农民的生态环境保护意识以及提高农产品的质量，从而加快我国农业现代化进程。三是借鉴日本经验平等保护新型农业经营体土地权益。日本重点扶持农业经营体，注重保护农村土地流入方利益，推动日本农业经济的复兴与发展。为促进乡村振兴，加快农村土地适度规模经营，我国也需要重视农村土地流入方利益，平等保护规模经营者土地权益。四是借鉴韩国经验鼓励支持高龄农民退休，退出土地转让给高素质农民。中国正跨入农业 4.0 时代，农业信息化、物联网和智慧农业等新业态新模式新产品成为农业发展新趋势。传统农民的文化知识和专业水平已经远远不能适应农业发展新趋势的要求，正成为我国农业农村现代化发展的制约因素。可借鉴韩国经验，在我国东部地区高龄农民中率先开展农民退休计划，男性劳动力 65 周岁、女性劳动力 60 周岁可退休，并且退休金随着国家退休金的调整、根据物价上涨情况进行指数调整。

（七）总结党的百年农地权益政策，是加快建设农业强国的动力来源

中国建设农业强国与西方国家建设农业强国最大的不同是，中国共产党对农业强国建设的全面领导。中国共产党自成立以来，始终以为最广大农民谋幸福为己任、为初心，通过制定、完善农村土地政策，维护好、实现好和发展好农民的土地权益，农民获得了解放，农民财产权益日益增多，农民幸福感、获得感越来越强。一是坚持和完善中国共产党对农地制度变迁的领导。主要包括党对农地改革的顶层设计、党支部对农地股份合作社的参与、党员对农地改革的监督等。通过配强村支部书记、选派驻村党员工作队、引进年轻党员人才等形式，保持党对农地制度变迁的领导。增强农地制度创新主体活力。二是建立

和健全农民土地权益保障制度，让农民获得更多土地财产权利。深化农地制度改革，要把保护农民土地权益放在首要位置优先考虑。通过将小农户土地权益与现代产业有效衔接、建立农地权益增值分享机制以及提高退出补偿水平等措施，让农民从农地要素重新配置中获得更多收益，助力农民共同富裕。三是巩固和稳定农村土地基本制度，探索多种次生制度创新。加快建设农业强国，要允许各地根据经济社会发展的现实情况，进行农地制度改革探索，在坚持农地基本制度框架下，不断探索最能满足农民要求的农地制度新模式，包括农地服务规模化、联耕联种、农地入股、农地自愿有偿退出等多种制度模式，为农业强国建设提供不竭的动力源泉。四是加强和创新农地权益保护法制建设，及时对农地法律修、改、废。中国共产党成立一百多年来，注重用法律制度巩固农民土地权益成果，构建保护农民土地权益的长效机制。实践证明，将党的农村土地政策演进中涉及农民土地权益保护的内容及时上升到法律保护高度，从法律上赋予农民土地权能，给广大农民吃了“定心丸”。

中国特色农业强国的实现机制见附图1-2。

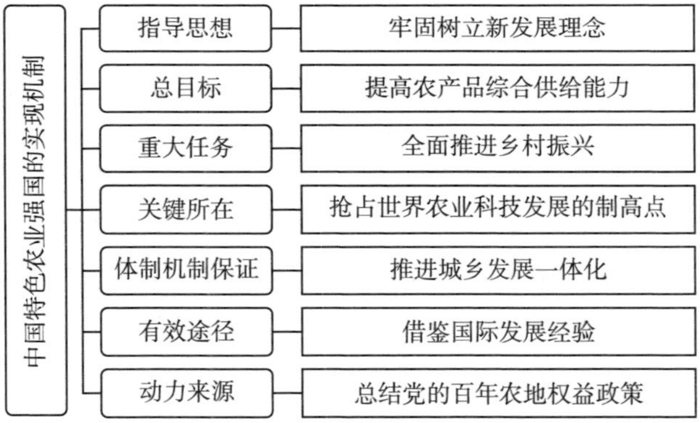

附图1-2　中国特色农业强国的实现机制

附录2　中国特色“并联式”农业现代化道路的探索

中国共产党第二十次全国代表大会鲜明地提出了中国式现代化总目标。中国特色农业现代化是中国式现代化的重要组成部分。西方发达国家往往是先工业化、城市化，然后才是农业现代化。改革开放以来，中国用40多年时间，走了西方发达国家二百多年的道路，中国式现代化道路呈现出工业化、信息化、城镇化和农业现代化同步发展的态势。区别于西方“串联式”农业现代化道路，中国“并联式”农业现代化道路开辟了世界农业大国现代化的新道路，将为世界发展中国家农业现代化提供中国智慧和中国方案。

一、中国特色“并联式”农业现代化的主要内涵与发展现状

（一）中国特色“并联式”农业现代化的主要内涵

中国特色“并联式”农业现代化，是指在中国式现代化进程中，工业化、信息化、城镇化和农业现代化同步发展，用工业化、信息化、城镇化成果及时赋能农业发展，加快推进农业现代化，让农业赶上国家现代化步伐，让广大农民走上共同富裕道路。习近平总书记指出：“我国现代化同西方发达国家有很大不同。西方发达国家是一个‘串联式’的发展过程，工业化、城镇化、农业现代化、信息化顺序发展，发展到目前水平用了二百多年时间。我们要后来居上，把‘失去的二百年’找回来，决定了我国发展必然是一个‘并联式’的过程，工业化、信息化、城镇化、农业现代化是叠加发展的。”

2012年党的十八大就提出了要促进工业化、信息化、城镇化和农业现代化同步发展，党的十九大又提出城乡融合发展、坚持农业农村优先发展原则，为加快农业农村现代化提供了新的动能。党的二十大首次提出了加快建设农业强国的目标，在21世纪中叶，中国要建成制造业强国、质量强国、网络强国、航天强国、交通强国和贸易强国等，同步建成农业强国，这为中国特色“并联式”农业现代化指明了发展方向和最终目标。党的十八大以来，在农业农村现代化同步发展理念指导下，农业产业、农村居住条件、农民收入方面都取得了历史性成就，农业正成为有奔头的产业，农村正成为宜居宜业家园，农民正成为人民向往的职业。城市的人才、技术、资金等生产要素开始向乡村转移，彻底改变了生产要素单向流向城市的不利局面，农村地区集聚资源的能力在

不断提升。

（二）中国特色“并联式”农业现代化的发展现状

1. 农业现代化与工业化广泛融合

工业是农业发展的动力和支撑，为农业及相关人员提供科学技术、物质装备和就业岗位，工业化水平决定了农业现代化的水平。经过改革开放 40 多年的发展，中国成为世界制造业大国，制造业规模世界第一，220 多个工业品种产量位居世界前列。中国工业化有力地推动了农业现代化进程，提高了农业物质装备水平、科学技术转化应用程度以及粮食综合生产能力。中国农业耕种收机械化率达到 70%以上，农业科技贡献率达到 60%以上，农作物良种覆盖率稳定在 96%以上。截至 2021 年底，中国粮食产量连续七年稳定在 1.3 万亿斤以上，人均粮食占有量达到 483 公斤，高于国际公认的 400 公斤粮食安全线，做到了谷物基本自给，口粮绝对安全。西方第一次工业革命在 17 世纪就爆发了，而农业现代化却是兴起于 20 世纪四五十年代。当前中国农业现代化遇到世界第四次工业革命，出现叠加机遇，一大批工业物质装备将在农业领域广泛应用，一批绿色低碳技术将在农业普及，一场生物技术革命将推动农业领域发生历史性变革，以工业化为依托的现代农业风头正劲，不断呈现出新的生机与活力。

2. 农业现代化与信息化有机融合

中国特色农业现代化，赶上了信息革命机遇。以计算机、互联网、物联网、云计算为代表的信息技术革命，正深刻改变世界农业生产经营方式。中国以 5G 为代表的信息技术在世界上处于领先位置。据中国互联网络信息中心（CNNIC）《中国互联网络发展状况统计报告》，2021 年，我国互联网普及率为 73.0%，网民规模达到 10.32 亿，成为世界最大的数字社会。网民使用台式电脑、笔记本电脑、电视和平板电脑上网的比例分别为 35.0%、33.0%、28.1%和 27.4%，使用手机上网的比例达 99.7%，手机是上网的最主要设备。其中，农村地区与城镇地区数据鸿沟在不断缩小，农村地区互联网普及率为 57.6%，农村网民规模已达 2.84 亿，行政村已全面实现“村村通宽带”，行政村通光纤和 4G 的比例均超过了 99%，城乡地区互联网普及率差异缩小至 15.4 个百分点。农村地区通信基础设施逐步完善，推动农村互联网使用成本逐步下降。中国农村地区网信事业的快速发展，为加快中国特色农业现代化提供了重要的信息技术支撑，使中国农业现代化与信息化同步发展成为可能，智慧农业发展其时已至，其势已成。

3. 农业现代化与城镇化深度融合

中国没有走西方发达国家农村人口大量进城的城市化道路，中国的城市化道路是农民进城和就近就地城镇化并行的道路。一方面，就进城农户而言，允许农民“带地进城”，形成了农民“进城不离地”“离土不离乡”“候鸟式流动”的独特城镇化现象，调动了农民进城落户的积极性，2021年中国城镇化率已经达到64.72%。另一方面，部分农民就近就地城镇化，农民选择就近进入工厂或者农业企业工作，以县城为重要载体的城镇化正在成为新的城镇化趋势。新型城镇化为农业适度规模经营提供了必要条件。农业适度规模经营有力促进了现代农业的发展，为农业绿色化、品牌化、标准化生产创造了重要前提条件。同时现代农业的大发展，又为城市人才、资金、技术、数据等生产要素下乡创造了良好社会环境，为加快农业现代化注入了新的动力。

4. 农业现代化与农村现代化一并规划

只重视农业现代化，不重视农村现代化，中国特色农业现代化就是不完整的。经过长期艰苦探索，我国现代农业发展已经取得了历史性成就，但与现代农业相比，我国广大农村地区特别是中西部地区农村发展还是现代化的短板。农村基础设施建设投入不足，公共服务水平不高，社会治理问题较多。一些地方农村污水横流、生活垃圾成堆、畜禽粪便没有得到资源化利用。这些问题的存在，既影响了美丽乡村生态形象，又严重影响了城市人才、资金、技术下乡的积极性、主动性，反过来制约了农业现代化的进程。党的十九大以来，按照“产业兴旺、生态宜居、乡风文明、治理有效、生活富裕”总体要求，实施乡村振兴战略，农村领域取得了历史性成就，发生了历史性变革，在农业农村现代化领域中农村现代化逐步赶上来（下文部分将中国特色农业现代化拓展为中国特色农业农村现代化）。

5. 农业农村现代化与农民共同富裕一体推进

中国特色农业农村现代化要体现以农民为中心的发展思想，既要解决农业农村问题，又要解决农民问题，坚持农民利益优先，切实保障农民的权益，要让农民赶上共同富裕步伐，在现代化道路上不掉队。土地是农民最重要的财产，农地体现了农民的生存权、财产权和发展权，是扎实推进农民富裕的重要依托。党的十八大以来，通过农村土地“三权分置”重大制度创新，农地形成了集体所有、农户承包、土地经营权流转的新局面。第二轮承包到期后又延长了三十年，明确了土地承包经营权长久不变的性质，颁发了土地承包经营权证，农地物权属性越来越明确。完整的物权为权利量化为股份、有偿转让和土地流转出租奠定了重要的基础。“土地资源变资产、资产变资金、资金变股份”正成为深化农村土地改革的基本方向。在农村土地改革中，中央一再强调，要切实保护农民的利益，让农民分享农业农村现代化成果，分享现代农业发展的增值效益。党的二十大提出，深化农村土地制度改革，赋予农民更加充分的财产权益。保障进城落户农民合法土地权益，鼓励依法自愿有偿转让。伴随工业化、信息化、城镇化和农业农村现代化，农地的流转价值和转让价值在不断提升，为增加农民收入提供了有力支撑，成为农民致富新的重要渠道。要以农村土地改革为引领加快农业农村现代化步伐，让农民分享农业农村现代化成果，扎实推进农民共同富裕进程。

中国特色“并联式”农业农村现代化发展现状见附图2-1。

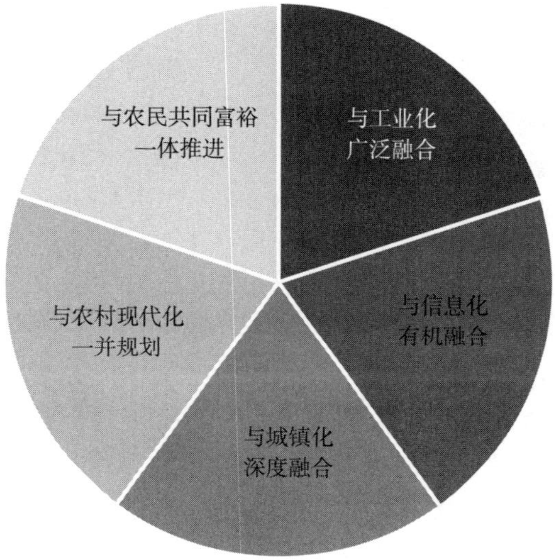

附图2-1　中国特色“并联式”农业农村现代化发展现状

二、中国特色并联式农业农村现代化的历史逻辑分析

与西方发达国家“串联式”农业现代化不同，中国农业农村现代化呈现出与工业化、信息化、城镇化“并联式”同步发展的态势，这是由国情、制度因素和世情所决定的，具有历史客观必然性。

（一）中国人口规模巨大的现代化国情决定了要同步推进农业农村现代化

中国有14亿人口，吃饭问题始终是中国发展要面对的重大问题，粮食安全是“国之大者”。从几千年的中国历史看，什么时候粮食充足，社会就稳定，其他各项事业也能得到较快发展；什么时候缺衣少食，社会就会出现动乱，严重制约大国复兴的进程。目前中国总人口比美国和欧盟都要多，在此情况下，忽视农业农村现代化，片面强调工业化、城市化，甚至以牺牲农业农村为代价换取所谓的经济增长，农业农村将不稳定，粮食产量一旦不能满足国内需求，就需要花巨额外汇通过国际贸易购买粮食，工业化、城市化也将受到影响，甚至有可能出现停滞、衰退（附表2-1）。

附表 2-1 “十四五”期初期末中国总人口及粮食消费量的估计量

单位：亿人、公斤、万吨

项目	2021 年	2025 年	2025 年比 2020 年增加
人口	14.1	14.3	0.2
口粮原粮	12.3	11.3	−10
居民口粮消费原粮	17 343	16 159	−1 184
人均口粮消费谷物	110	100	−10
口粮消费谷物总量	15 510	14 300	−1 210
人均口粮消费稻谷和小麦折合量	100	90	−10
口粮消费稻谷和小麦折合量	14 100	12 870	−1 230

资料来源：李国祥．“十四五”时期提升国家粮食安全保障能力［R］//中国农村发展报告(2020)：239.

中国农村地区承载着延续生态文明、传统农耕文明等重要职责，宜居宜业和美乡村是农业农村现代化的重要标志。长期以来我国农村现代化是一个短板，由于农村土地至今仍然具有社会保障替代作用，并且法律法规要求不能强迫无偿收回农村土地，致使中国农业转移人口呈现与西方发达国家和其他发展中大国不一样的流动态势，每年近 3 亿农民工出现季节性流动，农村地区留守妇女儿童老人问题突出。一些农村地区住宅闲置，村庄衰败，社会治安较为混乱。经过社会主义新农村建设，特别是党的十八大以来推动乡村全面振兴，我国农村地区充分发挥了自然生态禀赋优势，发展出现新的生机，涌现了诸多和美乡村，其中浙江省安吉县余村的发展水平已经赶上欧美农村。农村基础设施的完善、公共服务水平的提升、农耕文化的再现，带动了生产要素流向农村，加速改造了传统农业。对于中国这样的农村人口大国而言，必须把农业农村现代化作为中国式现代化的重大任务，让农业农村现代化与工业化、信息化、城镇化同频共振、相得益彰、共铸未来。

（二）中国共产党百年保障农民土地权益制度决定了要同步推进农业农村现代化

回顾建党百年史，虽然历经新民主主义、社会主义革命和社会主义建设、改革开放和社会主义现代化建设以及中国特色社会主义新时代不同历史阶段，但党始终把农民问题当作革命、建设、改革和发展的基本问题，始终不忘保护农民利益这个初心，及时总结经验，不断完善保障制度，为解决各个历史时期主要矛盾和完成中心任务，提供了有力的制度保证。一个国家选择什么样的农业农村现代化道路，往往取决于这个国家农业农村发展的历史。中国共产党是中国的执政党，是从农村地区发展壮大起来的政党，党的执政兴国经验表明，要以农村土地制度改革为引领，切实维护好最广大农民利益，同步推进农业农村现代化。

土地革命战争时期，中国共产党制定了“依靠贫雇农，联合中农，限制富农，保护中小工商业者，消灭地主阶级，变封建半封建的土地所有制为农民的土地所有制”的正确土地革命政策。党通过土地革命，争取到最广大农民群众。“打土豪、分田地”让农民真正拥有了自己的土地，农民从此把党当作自己的“靠山”，党在农村拥有了雄厚的群众基础。新中国成立后分批次开展了土地改革，此次土地改革极大地调动了农民的生产积极性。新中国土地改革的完成，解除了苛重的地租，免除了其他经济和非经济的剥夺，为形成、提升再生产能力创造了条件；与劳动力很好地结合起来，塑造了1亿多个平等、独立、自主经营的新型微观经济组织。土地改革后，由于经济、社会、政治变革多重积极影响，生产力得到了极大的解放，农业商品率有了很大的提高。1978年改革开放后，经过生产责任制—包组到户—包产到户—包干到户等一系列制度边际变革，终于在1983年确立了家庭联产承包责任制，并在全国逐步推广开来。“两权分离”农地制度改革取得了巨大成效。党的十八大以来，党中央把“三农”工作作为全党重中之重工作，摆在首要位置，坚持农业农村优先发展、实施乡村振兴战略、开启农业农村现代化新征程，提出了农地制度改革一系列新理念、新思想、新措施，农地制度改革取得巨大成效，为实施国家粮食安全战略、脱贫攻坚、全面小康社会建设以及应对世界百年未有之大变局，提供了良好的农地制度保证，开创了新时代中国特色社会主义农地制度改革新局面（附表2-2）。

附表2-2 新时代农地制度改革保障农民权益的相关文件

发布时间或文件类型	文件	与农地改革相关内容
2013年1号文件	《中共中央 国务院关于加快发展现代农业进一步增强农村发展活力的若干意见》	全面开展农村土地确权登记颁证工作
2014年1号文件	《中共中央 国务院关于全面深化农村改革加快推进农业现代化的若干意见》	赋予农民对承包地占有、使用、收益、流转及承包经营权抵押、担保权能
2014年11月	《中共中央办公厅 国务院办公厅关于引导农村土地经营权有序流转发展农业适度规模经营的意见》	坚持农村土地集体所有，实现所有权、承包权、经营权“三权分置”，引导土地经营权有序流转

（续）

发布时间或文件类型	文件	与农地改革相关内容
2015 年 1 号文件	《中共中央　国务院关于加大改革创新力度加快农业现代化建设的若干意见》	稳步推进农村土地制度改革试点。按照中央统一部署，审慎稳妥推进农村土地制度改革
2016 年 1 号文件	《中共中央　国务院关于落实发展新理念加快农业现代化　实现全面小康目标的若干意见》	完善“三权分置”办法，明确农村土地承包关系长久不变的具体规定
2016 年 10 月	《中共中央办公厅　国务院办公厅关于完善农村土地所有权承包权经营权分置办法的意见》	充分发挥“三权”各自的功能和整体效用，形成层次分明、结构合理、平等保护的格局
2017 年 1 号文件	《中共中央　国务院关于深入推进农业供给侧结构性改革加快培育农业农村发展新动能的若干意见》	加快推进农村承包地确权登记颁证，扩大整省试点范围
2018 年 1 号文件	《中共中央　国务院关于实施乡村振兴战略的意见》	衔接落实好第二轮土地承包到期后再延长 30 年政策。全面完成土地承包经营权确权登记颁证工作
2019 年 1 号文件	《中共中央　国务院关于坚持农业农村优先发展做好“三农”工作的若干意见》	坚持保障农民土地权益、不得以退出承包地和宅基地作为农民进城落户条件
2019 年 11 月	《中共中央　国务院关于保持土地承包关系稳定并长久不变的意见》	保持农户依法承包集体土地的基本权利长久不变。不断强化对土地承包权的物权保护
2020 年 1 号文件	《中共中央　国务院关于抓好“三农”领域重点工作确保如期实现全面小康的意见》	开展第二轮土地承包到期后再延长 30 年试点。鼓励发展多种形式适度规模经营
2020 年 3 月	《中共中央　国务院关于构建更加完善的要素市场化配置体制机制的意见》	完善城乡建设用地增减挂钩政策，为乡村振兴和城乡融合发展提供土地要素保障

（续）

发布时间或文件类型	文件	与农地改革相关内容
2021年1号文件	《中共中央 国务院关于全面推进乡村振兴加快农业农村现代化的意见》	完善农村产权制度和要素市场化配置机制。健全土地经营权流转服务体系
2022年10月	中国共产党二十大报告《高举中国特色社会主义伟大旗帜 为全面建设社会主义现代化国家而团结奋斗》	深化农村土地制度改革、赋予农民更加充分的财产权益。保障进城落户农民合法土地权益，鼓励依法自愿有偿转让

资料来源：作者根据党的十八大以来中央有关农地政策整理。

（三）世界发展中大国掉入“中等收入陷阱”教训启示我国要同步推进农业农村现代化

取得民族独立较早的拉美国家，在19世纪晚期就开始了城市化进程，到20世纪初期，拉美国家城市化率已经达到20.3%，其中经济实力最强的几个国家的城市化率已经超过了当时某些发达国家。拉美地区独立之后，依靠其国内外优势，经济开始得到发展，20世纪50年代经济发展迅速，但在70年代后期却出现经济滞后现象，陷入“中等收入陷阱”，奇迹式增长消失，在此后的发展过程中也未能实现进一步的突破。

1975—1980年拉美的总人口增长率2.36%，达到增长的高峰（附图2-2）。农村人口增长率在1990—1995年转为负值，农村人口开始减少。2010年，拉美地区城市化率高达79.6%，仅次于北美。到21世纪中叶，拉美地区城市化率预计达到91.4%。种种迹象表明，拉美地区的高城市化率并没有让其步入高收入发达国家行列，反而使其长期陷入“中等收入陷阱”，这一教训是深刻的，其产生的主要原因有三点：首先，没有处理好城市化与工业化协调发展的关系。表现为工业化和城市化失调，城市化速度过快，城市人口增长过度。衡量城市化与工业化是否协调，使用的是城市化与工业化相关指标值的比率。据世界银行《2020年世界发展指标》规定，世界城市化与工业化比率的平均值为1.48，1.4～2.5为合理范围。拉美地区2019年的工业产值占GDP的24.06%，城市人口占总人口的80.87%，城市化与工业化比率高达3.3，远高于世界平均水平，也超过了2.5的合理极限。其次，土地制度改革不彻底。拉美国家在现代化进程中，虽然进行过一系列的土地改革，但都是在不消灭大地主的基础上进行的，大量的土地集中在极少数大庄园主手中，广大农民少地、无地的情况未发生根本改变。大量缺乏生活保障的农民无法在农村生存，被强制排挤出来，涌向城市谋生，即使在城市的生活条件极差，他们也很难再回到那个没有土地的农村，所以拉美国家大部分的人口流动都是单向的；最后，政府在推进工业化、城市化和农业现代化的进程中，没有积极寻找适合本国国情的道路，只把促进农村人口流动当成暂时缓解社会矛盾的途径。政府制定大量向大城市倾斜的发展政策，造成了农村人口向大城市集中，城市人口的爆炸式增长，造成贫民窟、就业困难、贫富差距大、环境恶化等发展困境。

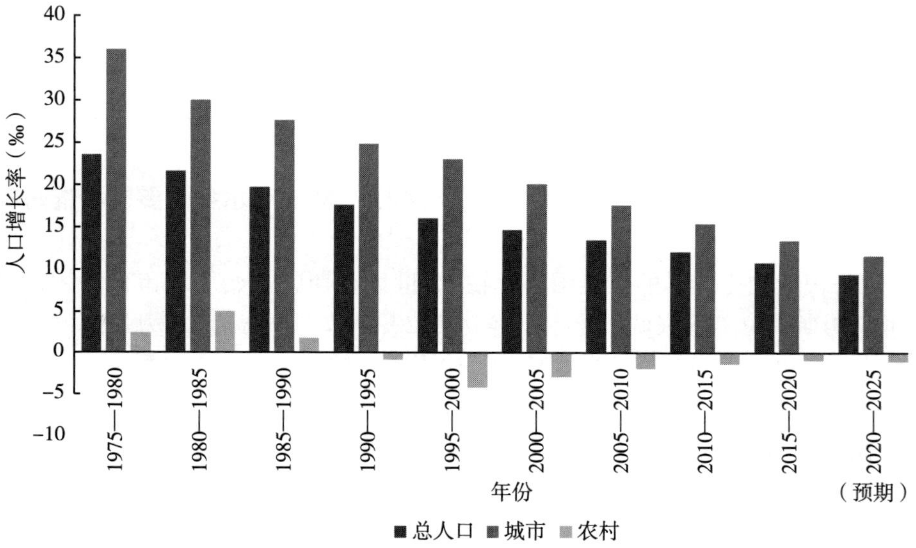

附图 2-2　拉美总人口、城乡人口增长率

资料来源：CEPAL. Centro Latinoamericano y Caribeño de Demografía（CELADE）［J］. *América Latina：proyecciones de población urbanarural*，1970—2025：31.

（四）西方发达国家“串联式”农业农村现代化最终结果也启迪着我们要同步推进农业农村现代化

美国和欧洲等国家和地区农业农村现代化始于 20 世纪 40 年代左右，到 20 世纪七八十年代，已经达到高度现代化了，呈现出农业农村现代化、工业化和城市化、信息化融合发展的态势。其中，美国、加拿大和欧盟国家等西方发达国家成为农业强国。东亚地区的日本、韩国虽然没有成为农业强国，但都实现了农业农村现代化，农业农村现代化也呈现出与工业化、城市化、信息化协同发展的格局。发达国家和地区农业农村现代化的经验主要有两点：

一方面，重视对农业的保护，不断加大对粮食生产的保障力度，筑牢现代化进程中农业的基础地位。在工业化、城市化、信息化和农业现代化进程中，农业是弱势产业，这是一个不争的事实。但无论怎样的现代化，吃饭问题都是各国关注的重大问题，同时农业领域又涉及就业问题、服务组织问题等，因此，只要工业化、城市化，不要农业现代化是不可能的，现代化消灭不了农业。美国是目前世界上农业最发达的国家，美国农业世界领先的地位既得益于美国农业科技的发展，更离不开美国对现代农业的保护政策，美国政府为促进农业发展采取了多种保护措施。早在 18 世纪，农业便引起美国政府的高度重视，1887 年颁布了《哈奇法案》，美国政府开始资助农业试验。21 世纪以来，美国议会曾对 2014 年和 2018 年农业法案的预算支出进行了测算，详见附表 2－3。执行 2014 年农业法案，2023 年的农业预算总支出为 771 亿美元，2019—2023 年总预算支出是 3 872 亿美元。执行 2018 年农业法案，则 2023 年的农业预算总支出为 852 亿美元，2019—2023 年总预算支出是 4 265 亿美元。美国政府不断加大农业投入，构建农业风险防范网。

附表 2－3　2014 年和 2018 年美国农业法案中的预算支出

单位：亿美元

年份	2019	2020	2021	2022	2023	2024—2028
2014 年美国农业法案	779	769	781	772	771	3 996
2018 年美国农业法案	854	846	860	853	852	4 407

资料来源：许荣，肖海峰．美国新农业法案中农业补贴政策的改革及启示 [J]．华中农业大学学报（社会科学版），2020（2）：135－142，169.

另一方面，重视对农业绿色产业的补贴投入，调整农业产业结构，促进农业农村的绿色发展。20 世纪 90 年代以后，城市的外扩、基础设施的建设、农业活动的开展等均威胁了农村生态环境，干扰了农业经济的发展，因此欧盟的农业保护政策目标实施了转移，开始关注农业生态保护和农村发展问题，呼吁农民在进行农业生产时注重绿色发展。2013 年欧盟共同农业政策改革把保护农业生态环境、推进农业农村的可持续发展作为改革目标，"2013 年改革"也被称为"绿色改革"。此次改革把直接补贴分为强制直接补贴和自愿直接补贴。如附表 2－4 所示，强制直接补贴除了之前的基础补贴外新增了绿色直接补贴，如保持永久性草地直接补贴、作物多样化直接补贴和生态重点区直接补贴等。欧盟各成员国主动上缴本国直接补贴金额的 30％作为绿色直接补贴。

附表 2－4　2013 年改革中直接补贴情况

自愿直接补贴	自然条件恶劣地区直接补贴≤5％
	小农场直接补贴≤10％
	挂钩直接补贴≤15％
	重新分配直接补贴≤30％

（续）

强制直接补贴	青年农民直接补贴≤2% 绿色直接补贴＝30% 新基础直接补贴<70%

资料来源：刘武兵，李婷．欧盟共同农业政策改革：2014—2020［J］．世界农业，2015：65－69.

三、中国特色“并联式”农业农村现代化的重点选择与政策取向

新发展阶段，中国农业农村现代化已经呈现出与工业化、信息化和城镇化“并联式”发展的新态势。但与快速工业化、信息化和城镇化相比，农业农村现代化还存在农业综合素质和竞争力不强、农村公共基础设施和公共服务建设质量不高等问题。因此，要立足本国国情农情，借鉴发达国家农业农村现代化经验，走出一条以解决农业农村重大问题为导向的“四化同步、城乡融合、科学有序”的中国特色农业农村现代化道路。

（一）全面夯实粮食生产根基，确保粮食和主要农产品的有效供给

要用工业化、信息化和城镇化最新成果，反哺农业农村现代化，确保谷物基本自给，口粮绝对安全。首先，要用先进工业化装备和科技进一步武装农业。借鉴日本经验，着眼农业机械化，农用工业装备要转型升级，开发适合我国土地规模经营的农机设备，建立农机设备共享体制，降低小农户使用农机的成本。要持续推进农业科技进步，荷兰的农业科技贡献率达97%，德国和美国均超过了90%，我国只有61%，需要将生命科学、工程科学等前沿科技充分运用于农业领域。其次，要用信息技术引领农业农村现代化。智慧农业是农业现代化的基本方向，要进一步加快5G技术、北斗卫星导航系统、农用机器人以及无人机等信息智能技术在农业领域的广泛运用，促进农业产业数据化改造，建立现代农业产业体系、生产体系和经营体系。要优化农业补贴政策支持体系，探索对从事智慧农业、数字农业的农民进行收入直接补贴，既可防止农业补贴到达国际农产品贸易黄箱政策的天花板，又可以加快农业农村现代化步伐。最后，要用新型城镇化拉动农业农村现代化。要把进城落户农业转移人口全部纳入城镇住房、就业和社会保障体系中去，让他们“进得去”“留得住”“干得好”，对其他农业转移人口形成良好落户示范效应，加快农业转移人口市民化步伐。要切实保障进城农户土地承包经营权、宅基地资格权和集体收益分配权，在自愿有偿基础上，鼓励依法转让其合法土地权益，为发展农业适度规模经营，加快农业农村现代化进程奠定坚实土地基础。

（二）深化农业供给侧结构性改革，促进质量兴农和绿色兴农

当前社会主要矛盾已经转变为人民日益增长的美好生活需要和不平衡不充分的发展之间的矛盾。就农产品而言，广大消费者的要求已经从“吃得饱”向“吃得好、吃得放心”转型。适应人民对绿色生态农产品的新要求，走以绿色生态为导向的农业农村现代化道路势在必行。一是要用工业化思维谋划农产品质量保证体系。要加强农产品生产地生产环境的监测。“把住生产环境安全关，就是要治地治水，净化农产品产地环境。”要利用好工业技术开展好土壤保护和修复，加强重金属超标、地下水漏斗区治理。要规范好农业生产过程。做到农业像工业一样标准化生产，实施化肥农药零增长制度，增加有机肥比重，加大生物防治力度。二是利用好信息化技术建立农业投入品监测制度和质量安全信息追溯制度。切实把化肥农药等农业投入品使用情况纳入监测范围，从源头上管好农产品质量安全。实行产出地与销售地信息有机衔接，实现倒查农产品产地标识、加工企业、零售商铺等各种涉及农产品质量安全的信息，全程保留证据，发挥好大数据在农产品质量安全信息存储方面的重要作用，做到信息准确、可靠、清楚。三是以城镇居民绿色生态产品消费为导向，加快转变农业生产方式。在保证国家粮食安全和主要农产品有效供给基础上，积极调整农业结构，发展优质水产品、高品质水果、安全健康畜禽业，特别是脱贫山区要大力发展适合当地资源禀赋的绿色经济作物，形成各具特色山区农业发展模式，满足城镇不同人群新的绿色消费需求，拉动山区农民致富。

（三）全面推进乡村振兴，建设宜居宜业和美乡村

与农业现代化相比，我国农村现代化任务更加艰巨和繁重。农村“空心化”、乡村留守妇女老人儿童、农村基础设施和公共服务等问题，都需要加快解决。从美国和欧盟等地农业农村现代化历史看，美丽乡村是农业农村现代化的重要标志。针对我国农村发展中存在的现实问题，要坚持农业农村优先发展的根本原则，举全党全社会力量，大力促进乡村全面振兴，让美丽乡村成为中国农业农村现代化亮丽的底色。第一，要以农村土地改革为引领促进工业技术集成。坚持“三权分置”，鼓励土地经营权流转，大力建设高标准农田。“小田”归“大田”是促进农业机械化、标准化、集约化、专业化、组织化的重要前提条件，也是推进农业科学技术集成使用的关键，无人机作业就需要农村土地规模经营。第二，加快数字乡村建设步伐。发挥我国数字领域的优势，积极开展数字技术下乡活动。将数字技术培训纳入农业职业培训重要内容，可借鉴韩国新农村建设送水泥、送钢材的经验，为高素质农民和乡村送电脑、送手机，对农村地区电信流量费用予以一定的补助。重点建设好农村智慧物流，推动“村村有冷库”投资建设，形成农业绿色产品—冷库安全保障—直播线上线下销售—农村智慧物流数字乡村发展新模式。第三，鼓励大学生等城市新农人

群体进入农业农村领域。乡村振兴，关键在人、在高素质农民。目前农民的年龄结构、知识结构和市场视野已经远远不能适应飞速发展的市场经济需要，需要通过制定激励政策，鼓励城市大学生等群体进入农业，以提高农民的知识结构和专业水平。为此要进一步加强农业基础设施建设和公共服务设施建设，这既是满足提升现有农村居民生产生活便利程度的需要，也是满足留住高素质农民和新农人的现实需要。

（四）建立城乡循环经济体系，提升城乡融合发展水平

城乡融合发展是现代化国家的重要标志。城乡融合发展包括生产要素在城乡间双向流动和公共服务在城乡间的均衡配置，是城镇现代化与农业农村现代化“并联式”发展的重要体现。面对世界百年未有之大变局，中国正加快构建以国内大循环为主的“双循环”发展新格局，而城乡间经济循环则是国内大循环的重要组成部分，要通过构建以工促农、以城带乡、工农互惠的新的城乡关系，让农民富裕起来，让广大农民享受城乡现代化的成果。一是要加快农业转移人口城镇化的步伐，提高进城落户农户生产生活质量。我国还有大量农业转移人口处于城乡间流动状态，存在城镇生产生活质量不高、两头占地和有社会矛盾风险问题。因此，要加快农业转移人口市民化步伐，通过完善住房、就业、教育、医疗和养老等社会保障制度，提高农业转移人口城镇融入能力和水平。二是抓紧建立以县城为载体的城乡融合发展体系，带动农民就近就地城镇化。县城处于城乡接合部，是农民进城的最前沿，从实际情况看，农民向城镇转移往往是先向县城转移。顺应“人随业走”客观经济规律，要促进工业园区经济向县城周围集聚。科学有序布局县级工业园区经济既能产生经济的规模效应，又能促进农民就近就地就业，解决农村留守老人妇女儿童问题。同时用乡镇和村一级腾出的土地发展现代化农业园区，依托当地农业资源优势，带动农村居民致富。三是树立大食物观和大农业观，利用城市空间满足居民对农业多样化的需求。可以利用城市车间发展垂直农业，采用无土栽培技术，生产蔬菜、水果和花卉等。利用互联网技术发展认养农业，开展城市人认养一头牛、一片田、一棵树等活动，既满足城市人对农业生产好奇的心理，又能增加农民的收入。

（五）着眼中国式现代化进程，同步绘制好农业农村现代化路线图

中国式现代化进程已经明确，从 2020 年到 2035 年基本实现社会主义现代化；从 2035 年到 21 世纪中叶把我国建成富强民主文明和谐美丽的社会主义现代化强国。在中国式现代化进程中，要同步规划好农业农村现代化，确保 21 世纪中叶建成农业强国。首先，“十四五”规划期间，新小康地区要巩固拓展脱贫攻坚成果同乡村振兴有效衔接。重点考核新小康农村地区的产业发展情况、人才集聚情况、生态保护利用情况、农耕文明传承情况以及组织振兴情况，让乡村产业、人才、生态、文化和组织振兴转化为新小康地区发展的内在

动力，持续推进乡村全面振兴。发达地区要重点考核工业化、信息化、城镇化和农业农村现代化同步发展情况，为同步推进农业农村现代化带好头、领好向，特别是在绿色生态农产品政策支持方面、绿色低碳农业产业体系建立方面，以及现代农业功能区布局方面要发挥示范引领作用。其次，在2035年农业要基本实现现代化、农村居民要基本具备现代生活水平。与2035年基本实现中国式现代化相对应，农业农村地区要赶上来，基本达到现代化水平。主要评估指标有粮食和主要农产品供给有力，农业结构得到根本性改善，农村户均耕地面积提升至18亩左右，城乡居民收入比缩小到2以内。城乡基本公共服务均等化基本实现，农村生态环境根本好转，美丽宜居乡村基本实现，城乡融合发展体制机制更加完善。最后，到21世纪中叶建成农业强国。农村户均耕地面积提升至30亩左右，农业耕种收机械化率达到90%以上，农业科技贡献率达到90%以上，城乡地区互联网普及率差异缩小至个位数以下。城乡收入差距不再存在，甚至出现倒城乡收入差距，农业强、农村美、农民富全面实现，农业农村农民同步实现现代化（附图2-3）。

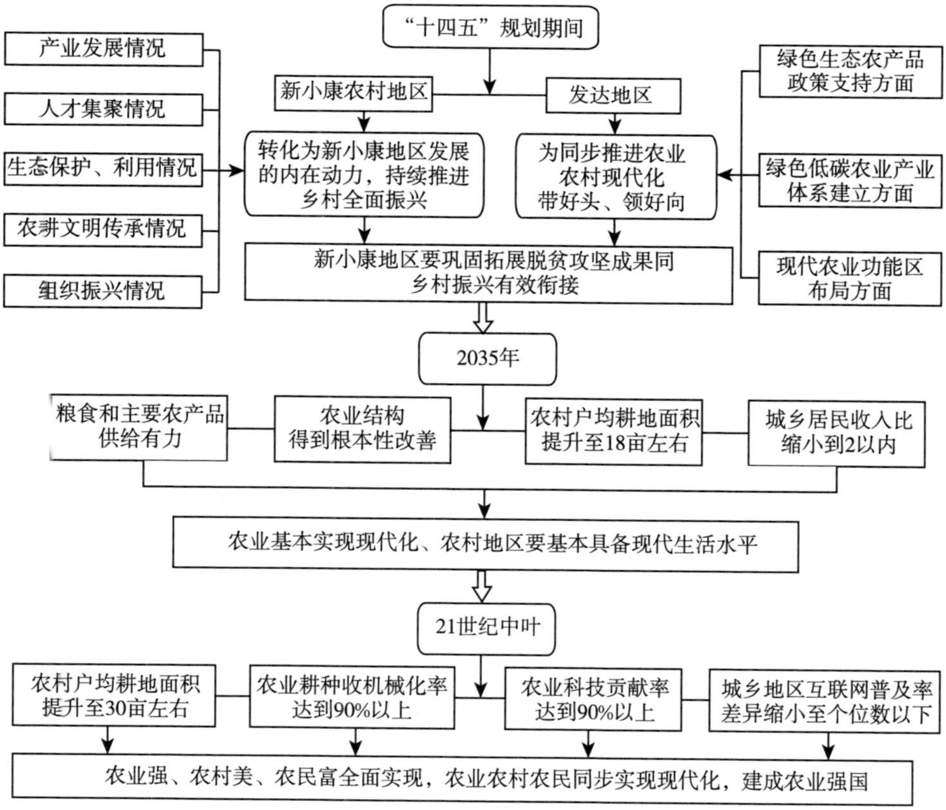

附图2-3　中国式现代化进程中同步实现农业农村现代化路线

目前，中国工业化已经进入到中后期、信息化进入动能释放期、城镇化处于加快推进期、农业农村现代化处于提质增效期，新时期新形势决定了中国农业农村现代化将是时期叠加、目标协同、路径并行的并联共进过程。必须从大历史观上系统谋划推动，更好适应新理念新格局新阶段的发展要求，真正做到农业农村现代化与工业化、信息化、城镇化在时间上同步演进、空间上一体布局、功能上耦合叠加，加快推进城乡融合发展，促进农业农村现代化与工业化、信息化、城镇化共兴，为中国式现代化奠定坚实的农业农村基础。

参考文献

REFERENCES

2016. 农民承包地退出制度在梁平县试验中渐成型［J］. 吉林农业（22）.
阿尔弗雷德・马歇尔，2006. 经济学原理［M］. 西安：陕西人民出版社.
安虎森，刘军辉，2013. 农村土地产权制度改革与城镇化［J］. 甘肃社会科学（3）.
八間正義，2010. 現代日本農業の政策過程［M］. 東京：慶應義塾大学出版社.
白现军，2013. 农地承包权退出机制构建［J］. 开放导报（8）.
毕美家，2007. 我国应尽快建立适合国情的现代农业制度［EB/OL］. http：//www.ndny.gov.cn/agri/nylt/zhlt0314203011.html.
蔡继明，等，2019. 中国的城市化功能定位、模式选择和发展趋势［M］. 上海：东方出版中心.
蔡睿，任宏，2013. 重庆农村土地承包与农村经济发展的思考［J］. 农业经济（8）.
陈冬梅，谭荣花，孔荣，2011. 关于土地流转问题国内外现状分析［J］. 企业导报（7）.
陈洪，何双艺，2010. 土地承包经营权流转中农民利益保障研究——以成都模式为例的实证分析［J］. 知识经济（1）.
陈洁，龚光明，2011. 低碳经济下我国矿权市场建设研究综述与分析［J］. 经济学动态（7）.
陈明鹤，2013. 完善农村土地承包经营权退出机制［J］. 党政干部学刊（11）.
陈夏婷，2007. 建设社会主义新农村中基层政府职能［J］. 科技经济市场（5）.
陈甬军，景普秋，陈爱民，2009. 中国城市化道路新论［M］. 北京：商务印书馆.
迟福林，殷仲义，2009. 中国农村改革新起点——基本公共服务均等化与城乡一体化［M］. 北京：中国经济出版社.
楚德江，韩雪，2016. 农民工市民化进程中农地承包权退出机制研究［J］. 理论导刊（7）.
大卫・李嘉图，1967. 政治经济学及赋税原理［M］. 北京：商务印书馆.
党国英，2005. 当前农村土地制度改革的现状与问题［J］. 华中师范大学学报（人文社会科学版）（7）.
邓小刚，2022. 农业农村部：我国粮食产量连续七年稳定在 1.3 万亿斤以上　人均粮食占有量高于国际安全线［R］.“中国这十年”系列主题发布报告：6－27。
丁玲，钟涨宝，2015. 农村生源大学生土地承包经营权退出意愿及影响因素研究［J］. 农业现代化研究（11）.
丁延武，王萍，郭晓鸣，2019. 不同禀赋农民土地承包经营权有偿退出机制研究——基于四川省内江市市中区的经验和启示［J］. 农村经济（9）.

董宏达，2014. 以人为本推进新型城镇化建设［EB/OL］. http：//pinglun. iqilu. com/jiao-dian. shtml.
董欢，2017. 农地承包经营权有偿退出的现实合理性及可行性分析——基于农业转型、新型城镇化和乡村治理视角的考察［J］. 复旦学报（4）.
董欢 . 土地承包经营权退出改革何去何从 ——来自四川省内江市市中区的经验与启示［J］.
杜文骄，任大鹏，2011. 农村土地承包权退出的法理依据分析［J］. 中国土地科学（12）.
范传棋，谭静，雷俊忠，2017. 农民承包地有偿退出模式比较研究［J］. 农村经济（4）.
方志权，张晨，张莉侠，等，2017. 农村土地承包经营权退出意愿与影响因素——基于上海四区 1 255 份农村调查问卷的分析［J］. 农村经营管理（11）.
方志权，等，2017. 农村土地承包经营权退出意愿与影响因素——基于上海四区 1 255 份农村调查问卷的分析［J］. 农村经济管理（11）.
冯兵，赵一，2019. 新中国 70 年来土地改革研究回顾与展望［J］. 西北农林科技大学学报（社会科学版）（6）.
冯健，2009. 乡村转型［M］. 南京：南京师范大学出版社.
付彩云，2018. 城市化下农村土地有偿退出的法律经济学分析［J］. 法制博览（12）.
富新梅，2018. 土地承包经营权退出机制的法律问题研究［J］. 农业经济（8）.
高佳，李世平，2016. 农村土地承包权退出意愿的影响因素［J］. 干旱区资源与环境（8）.
高强，2017. 土地承包经营权退出重在机制探索——基于农村改革试验区的试点调查［J］. 农村工作通讯（14）.
高强，孔祥智，2013. 日本农地制度改革背景、进程及手段的述评［J］. 现代日本经济（2）.
高强，宋洪远，2017. 农村土地承包经营权退出机制研究［J］. 南京农业大学学报（社会科学版）（17）.
高强，赵海，2015. 日本农业经营体系构建及对我国的启示［J］. 现代日本经济（3）.
高瑞红，黄欣，焦建伟，等，2009. 浅议新农村建设中地方政府职能的重新定位［J］. 湖南农业科学（1）.
耿文静，2018. 如何更好改善苏北农民住房条件？娄勤俭提五点要求［N］. 新华日报，08-04.
顾海英，等，2019. 现阶段深化开展上海农村土地制度改革探索研究［EB/OL］.（06-25）.
关谷俊作，2004. 日本的农地制度［M］. 金洪云，译 . 上海：三联书店.
郭素英，2021. 对重庆西部片区城乡融合发展试验区的田野调研［D］.
郭晓鸣，高杰，2017. 我国农村土地承包权退出的地方探索与基本判断——基于四川省内江市的改革实践［J］. 国土资源科技管理（2）.
国家统计局，2016. 国际统计年鉴［M］. 北京：中国统计出版社.
国家统计局盐城调查队，2021. 盐城耕地规模化经营程度明显提升［EB/OL］. http：//www. yancheng. gov. cn/art.

韩立达，韩冬，2016. 市场化视角下农村土地承包经营权有偿退出研究 [J]. 中州学刊 (4).

韩琦，2020. 20 世纪 80 年代以来拉美城市化模式的转型及其原因 [J]. 上海师范大学学报（哲学社会科学版）(1).

韩晓磊，2013. “两分两换”：嘉兴“新土改”经验 [N]. 时代周报，11-13.

韩占兵，2019. 高龄农民愿意退出土地承包权与经营权吗？——基于河南省农户的调查 [J]. 经济经纬 (7).

郝寿义，王家庭，张换兆，2007. 工业化、城市化与农村土地制度演进的国际考察——以日本为例 [J]. 上海经济研究 (1).

郝宇彪，管智超，2018. 中国农村土地流转价格形成机制的比较分析 [J]. 区域经济评论 (6).

何丹，吴九兴，2019. 农村土地承包权退出机制研究 [J]. 绵阳师范学院学报 (9).

胡存智，2009. 构建城乡土地自由流动的政策工具——以换地权益保障土地要素返流的探索 [J]. 中国土地科学 (12).

胡继亮，刘心仪，2017. 农户土地承包权退出意愿及影响因素研究：基于湖北省微观调查数据 [J]. 江汉论坛 (4).

胡立刚，2020. 上海松江：以创新改革促进乡村振兴 [N]. 农民日报，4-15.

黄花，2014. 农村土地退出路径研究 [J]. 中南大学学报（社会科学版）(10).

黄锡富，2009. 建立新型农业社会化服务体系 [EB/OL]. http://www.gxny.gov.cn/web/2/237540.htm.

黄艳敏，张岩贵，2014. 机会益贫化视角下农地流转估值模式 [J]. 农村经济 (5).

黄贻芳，钟涨宝，2014. 城镇化进程中农地承包经营权退出机制构建 [J]. 西北农林科技大学学报（社会科学版）(1).

黄云鹰，花露，高幸，2020. 农业现代化赋能乡村振兴——全市“十三五”农业发展成就概述 [N]. 盐阜大众报，11-10.

黄志亮，滕飞，2011. 重庆统筹城乡综合配套改革的经验及难点问题研究 [J]. 当代经济研究 (7).

贾海珍，2008. 转变政府职能完善农村社会化服务体系 [EB/OL].

江苏省盐城市大丰区大中镇人民政府，2017. 创新社区治理，打造生态特色，建设田园风光新农村 [R]. 恒北村创建全国农村社区建设示范单位情况汇报材料：9-11.

姜万荣，2022. 2021 年我国常住人口城镇化率达到 64.27% [R]. “中国这十年”系列主题发布报告：9-14.

金励，2017. 城乡一体化背景下进城落户农民土地权益保障研究 [J]. 农业经济问题 (1).

孔宝莹，2021. 浅析农村土地承包经营权转让现实诱因 [J]. 南方农业 (8).

孔祥智，2020. 促进新型农业经营主体和服务主体高质量发展 [EB/OL]. http://www.gov.cn/zhengce/2020-03/23/content_5494703. 3-23.

匡文波，2014. 中国微信发展量化研究 [J]. 国际新闻界 (5).

来阳，乔海鑫，聂英，2013. 农村集体土地使用权流转价值评估 [J]. 北京农业 (33).

乐章，2010. 农民土地流转意愿及解释——基于十省份千户农民调查数据的实证分析［J］. 农业经济问题（2）.
李剑阁，2009. 中国新农村建设调查［M］. 上海：上海远东出版社.
李明星，2017. 农村土地承包经营权有偿退出机制研究［D］. 成都：四川省社会科学院.
李娜，2014. 社交媒体视阈下的电子商务营销研究［J］. 价格月刊（6）.
李宁，张然，仇童伟，等，2017. 农地产权变迁中的结构细分与“三权分置”改革［J］. 经济学家（1）.
李瑞林，王春艳，2006. 巴西城市化的问题及其对中国的启示——兼与中国城市化相比较［J］. 延边大学学报（社会科学版）（2）.
李松，2017. 承包地有偿退出：且行且完善［J］. 村委主任（5）.
李伟，刘勤，2016. 新生代农民工土地权利有序退出研究综述［J］. 社科纵横（9）.
李晓璐，2016. 农村土地流转价格机制构建——基于土地分组修正的收益现值法［J］. 内蒙古科技与经济（8）.
李晓霞，顾鸿昊，2017. 关于恒北村聚焦“美丽乡村”建设生态文明的调研与思考［R］.
李雪，徐目圣，2011. 农用地流转价格评估方法研究［J］. 安徽农业科学（18）.
李亚敏，2021. 对上海市松江区和奉贤区土地承包经营权退出农民受益情况的田野调查［R］.
联合国，1960. 世界城市化前景［DB/OL］. https：//data. worldbank. org. cn/indicator/SP. URB. TOTL. IN. ZS？ end＝2019&locations＝ZJ&start＝&view＝chart.
联合国人类住区规划署，2014. 世界城市状况报告 2006—2007［M］. 北京：中国建筑工业出版社.
林宝，隆学文，2008. “土地换社保”政策要慎重推行［J］. 中国党政干部论坛（5）.
林彤，等，2017. 东北粮食主产区农户主导型农村土地流转价格影响因素［J］. 农业工程学报（18）.
林万龙，2022. 在中国式现代化进程中加快建设农业强国［N］. 光明日报，11－2.
刘吉双，2017. 日本农村耕地保护制度与职业农民就地就近市民化［J］. 学术交流（8）.
刘鹏，2017. 我国农村土地承包经营权流转价格研究［J］. 价格月刊（11）.
刘同山，赵海，闫辉，2016. 农村土地退出：宁夏平罗试验区的经验与启示［J］. 宁夏社会科学（1）.
刘同山，2016. 农户承包地的退出路径：一个地方试验［J］. 重庆社会科学（11）.
刘晓倩，范超，2018. 基于弹性网模型的“中等收入陷阱”问题研究［J］. 调研世界（8）.
刘祯，2007. 对我国农村土地保护现状的实证分析［J］. 北京农业（7）.
楼擎擎，2015. 农业补贴对农户土地流转意愿的影响分析——基于浙江省 141 个样本户的实证分析［J］. 安徽农业科学（22）.
卢曦，2019. 宁夏平罗的农村土地制度改革实践［J］. 中国土地（3）.
卢泽民，陈晓萍，2015. 中国农村土地流转现状、问题与对策［J］. 新疆师范大学学报（哲学社会科学版）（7）.
鲁朝阳，文枫，秦岩，2018. 农村土地承包经营权退出影响因素研究［J］. 农村经济与科技（23）.

鲁朝阳，文枫，秦岩，2018. 农村土地承包经营权退出影响因素研究 [J]. 农村经济与科技（23）.

路婕，江辉，吴克宁，2010. 土地承包经营权流转价格评估——以河南省为例 [J]. 安徽农业科学（34）.

罗必良，2012. 土地承包经营权：农户退出意愿及其影响因素分析——基于广东省的农户问卷 [J]. 中国农村经济（6）.

罗必良，2013. 农地保障和退出条件下的制度变革：福利功能让渡财产功能 [J]. 改革（1）.

罗必良，何应龙，汪沙，等，2012. 土地承包经营权：农户退出意愿及其影响因素分析——基于广东省的农户问卷 [J]. 中国农村经济（6）.

罗元青，刘珺，胡民，2019. 基于二元经济转换整体视角探寻农业转移人口市民化动力 [J]. 农村经济（8）.

罗元青，刘珺，胡民，2019. 基于二元经济转换整体视角探寻农业转移人口市民化动力 [J]. 农村经济（8）.

吕明伟，孙雪，张媛，2010. 休闲农业园区规划设计 [M]. 北京：中国建筑工业出版社.

马佳，等，2019. 乡村振兴背景下农户土地承包权退出意愿及影响因素研究 [J]. 上海农业学报（2）.

马克思，1975. 资本论（第 3 卷）[M]. 北京：人民出版社.

马克思，2004. 资本论（第 1 卷）[M]. 北京：人民出版社.

马克思，恩格斯，2001. 马克思恩格斯全集（第 25 卷）[M]. 北京：人民出版社.

孟祥远，2012. 城市化背景下农村土地流转的成效及问题 [J]. 城市问题（12）.

穆松林，张义丰，高建华，等，2011. 村域土地承包经营权流转价格研究 [J]. 资源科学（5）.

宁爱凤，2010. 农村土地流转的制度障碍与对策研究——以农村劳动力转移为视角 [J]. 理论探讨（1）.

欧阳桂前，田克勤，2015. 中国农地规模经营存在的问题及对策分析——以东北三省为例 [J]. 长白学刊（2）.

彭慧，闫保荣，毕宇珠，等，2015. 基于国际经验的中国家庭农场土地策略研究 [J]. 世界农业（7）.

彭洁流，2017. 农地流转价格影响因素分析 [J]. 合作经济与科技（7）.

彭胜，马隰龙，张力，2021. 盐城市高标准农田建设工作综述 [N]. 盐阜大众报，01-19.

蒲坚，2015. 世界各国各地区农村土地是如何流通的？[EB/OL]. （02-12）. http://www.tdzyw.com/2015/0212/38116.html.

邱海平，2021. 系统把握习近平新时代中国特色社会主义经济思想 [N]. 光明日报，07-13.

任常青，郜亮亮，刘同山，2016. 中国城镇化进程中农民“三权”转让问题研究 [J]. 价格理论与实践（5）.

上海市农业委员会课题组，2017. 土地承包经营权退出要充分尊重农民意愿——来自上海市的调查 [J]. 农村工作通讯 (17).
沈建法，2019. 中国人口迁移，流动人口与城市化——现实、理论与对策 [J]. 地理研究 (1).
史传林，2009. 构建农村新型社会化服务组织体系探讨 [J]. 探求 (4).
史志强，2009. 国外土地流转制度的比较和借鉴 [J]. 东南学术 (2).
孙建波，2009. 嘉兴模式：农村土地制度改革谋求新突破 [N]. 上海证券报，12-1.
唐景明，2013. 建立农民自愿退出农村机制推进农业转移人口市民化 [J]. 农村工作通讯 (11).
滕亚为，2011. 户籍改革中农村土地退出补偿机制研究 [J]. 国家行政学院学报 (4).
田桂山，2013. 美国家庭农场的形成及其收入比较 [J]. 世界农业 (10).
田文生，2017. 重庆梁平试水吝盼农民“退还”承包地 [J]. 百姓生活 (1).
童彬，2017. 土地承包经营权退出机制的法律困境和制度建构 [J]. 农村经济 (2).
汪春霞，周月书，2004. 完善农业社会化服务体系组织建设的思考 [J]. 安徽农业科学 (5).
汪建江，2007. 一条促进城乡统筹发展的新路——对成都市温江区推行“双权换社保”的调研 [J]. 浙江经济 (24).
汪晓春，李江风，王振伟，等，2016. 新型城镇化背景下进城农民退出补偿机制研究 [J]. 干旱资源与环境 (1).
王保海，2012. 中国农村土地经营权流转模式创新研究 [D]. 郑州：河南大学.
王常伟，顾海英，2016. 城镇住房、土地依赖与农户承包权退出 [J]. 管理世界 (9).
王丹，赵新力，郭翔宇，等，2018. 国家农业科技创新理论框架与创新能力评价——基于二十国集团的实证分析 [J]. 中国软科学 (3).
王建友，2011. 完善农户土地承包经营权的退出机制 [J]. 农业经济与管理 (3).
王丽双，王春平，2015. 实现农地承包经营权退出制度的路径选择 [J]. 学术交流 (11).
王松涛，2018. 多方联动退用结合，重庆梁平区探索多元化承包地退出机制 [N].
王万山，庄小琴，郭金平，2005. 社会主义新农村建设研究 [M]. 北京：中国农业出版社.
王小德，2008. 我国农村宅基地使用权流转制度研究 [D]. 成都：西南政法大学.
王晓睿，钟晓萍，吕亚荣，2019. 基于内江土地承包经营权退出经验的研究 [J]. 农业现代化研究 (1).
王昕朋，2006. 新型社会化服务体系是社会主义新农村建设的重要基础 [J]. 今日中国论坛 (5).
王秀玲，2016. 国外农地流转制度启示与借鉴 [J]. 山东农机化 (2).
王颜齐，郭翔宇，2012. 农村土地承包经营权流转价格初探 [J]. 农业经济与管理 (3).
王应贵，2015. 当代日本农业发展困境、政策扶持与效果评析 [J]. 现代日本经济 (3).
王勇，陈印军，易小燕，等，2012. 耕地流转中过度“非粮化”倾向产生的原因与对策 [J]. 中国农业资源与区划 (6).

王悦，2021. 宁夏平罗县头闸镇邵家村、西永康村和灵沙乡胜利村田野调研［R］.
威廉·配第，2014. 赋税与捐赠理论［M］. 北京：中国社会科学出版社.
韦留柱，杨盼盼，2015. 农地承包经营权退出机制构建的阻滞与排解［J］. 河南师范大学学报（哲学社会科学版）(11).
文中，熊金武，2012. 化地不化人的城市化符合中国国情吗？——人口密集型“老浦西”和土地资本密集型的新浦东的历史比较［J］. 城市规划（4）.
吴丽琳，2021. 夯实强国根基，中国稳居世界第一制造业大国地位［EB/OL］. http：//www.cinic.org.cn/xw/cjxw/1120443.html.
吴琼，2024. 农业农村部公布全国农村改革典型案例，江苏四个案例入选［EB/OL］. https：//sghexport.shobserver.com/html/baijiahao/2024/01/03/1224525.html.
习近平，2017. 习近平谈治国理政：第2卷［M］. 北京：外文出版社.
习近平，2022. 论“三农”工作［M］. 北京：中央文献出版社.
肖大宋，1993. 我国农业社会化服务体系的完善和发展［J］. 科学社会主义（5）.
谢地，李梓旗，2020. 城镇化与乡村振兴并行背景下的城乡人口流动：理论、矛盾与出路［J］. 经济体制改革（3）.
谢根成，蒋院强，2015. 农村土地承包经营权退出制度的缺陷与完善［J］. 农村经济（3）.
邢冬静，2015. 农村土地承包经营权退出机制研究［J］. 法制博览（9）.
许凌，2014. 宁夏平罗县农村土地经营管理制度改革调研［N］. 经济日报，04-04.
许田尧，2009. 日本土地制度的改革及对我国的借鉴意义［J］. 现代商业（36）.
闫岩，2011. 土地承包经营权置换城镇社会保障模式研究——以苏南地区为例［D］. 南京：南京农业大学.
严燕，2012. 重庆市户籍制度改革中农村土地退出模式研究［D］. 重庆：西南大学.
杨昕，2017. 完善农村土地承包经营权有偿退出制度［J］. 赤子（15）.
叶良红，王卫华，1995. 德、美土地金融制度——比较及启示［J］. 经贸世界（1）.
尹亚姝，徐伟根，吕学敏，2010. 农村土地承包经营权流转制度研究——以嘉兴市“两分两换”土地流转方式为例［J］. 中国经贸导刊（14）.
应丽斋，余延青，2010. 嘉兴市“两分两换”试点区域总面积600平方公里［N］. 嘉兴日报，7-19.
余澳，2018. 农村土地承包经营权有偿退出机制的构建［J］. 农村经济（9）.
余晓洋，刘帅，吴迪，等，2020. 农村土地承包权退出的缘起及实践模式比较［J］. 新疆社会科学（汉文版）(3).
余永和，2019. 农村宅基地退出试点改革：模式、困境与对策［J］. 求实（4）.
余玉，2016. 农村土地承包经营权有偿退出制度研究［J］. 法制博览（5）.
俞丹丹，李婉月，等，2013. 关于嘉兴市两分两换政策实施的调查［J］.
喻瑶，段建南，金萍，2009. 影响农村土地流转价格因素分析［J］. 农村经济（11）.
翟研宁，梁丹辉，2013. 传统农区农户土地转出行为影响因素分析［J］. 南京农业大学学报（社会科学版）(3).
张建，冯淑怡，诸培新，2017. 政府干预农地流转市场会加剧农村内部收入差距吗？——

基于江苏省四个县的调研［J］. 公共管理学报（1）.
张东，2017. 离农农户土地承包权退出动力机制研究［J］. 陕西农业科学（7）.
张飞帆，2019. 农地承包经营权退出机制研究［J］. 北方经贸（3）.
张恒，2017. “三块地”改革试点延期，未来一年怎么走［N］. 经济观察报，11－25.
张力，杨绎，2018. 人口城镇化背景下农民自愿退出农村地权的法律规制［J］. 江西财经大学学报（3）.
张立平，2018. 农村土地承包经营权退出的现实诱因、退出路径及法律保障［J］. 农业经济（2）.
张灵思，王淑慧，2018. 农产品微商消费者信任提升策略［J］. 吉林农业（4）.
张培刚，1991. 农业国工业化问题［M］. 湖南：湖南出版社.
张青，袁铖，2013. 地租视角下农村土地承包经营权流转问题研究［J］. 湖南财政经济学院学报（4）.
张仕超，李治猛，魏朝富，2014. 论农村土地价值体系［J］. 中国农学通报（8）.
张晓娟，庞守林，2016. 农村土地经营权流转价值评估：综述与展望［J］. 贵州财经大学学报（4）.
张依玲，2018. 微商发展的 SWOT 分析［J］. 现代经济分析（16）.
张云华，伍振军，刘同山，2017. 农民承包地退出的梁平试验［N］. 中国老区建设（2）.
张柱，2015. 做实做响农村改革的“平罗经验”［N］. 宁夏日报，4－1.
赵涛，2009. 巴西期待无暴力奥运会［N］. 文汇报，11－02.
郑秉文，2011. 拉美“过度城市化”与中国“浅度城市化”的比较［J］. 中国党政干部论坛（7）.
郑军，汤轩，王晓芳，2016. 日本农业保险的制度演变与运行机制［J］. 宏观经济研究（5）.
郑有贵，董彦彬，焦红坡，2000. 土地改革研究综述［J］. 中共党史研究（6）.
中华人民共和国国家统计局，2019. 中华人民共和国 2018 年国民经济和社会发展统计公报［N］. 人民日报，3－1.
中华人民共和国农业部，2017. 中国农业发展报告［M］. 北京：中国农业出版社.
钟涨宝，聂建亮，2012. 论农村土地承包经营权退出机制的建立健全［J］. 经济体制改革（1）.
周其仁，2004. 产权与制度变迁——中国改革经验研究［M］. 北京：北京大学出版社.
周维宏，2014. 现代日本乡村治理及措施［J］. 人民论坛网，8－06.
朱满德，刘超，2011. 工业化进程中农业补贴政策调整：日本与韩国的经验［J］. 世界农业：4－8.
朱天龙，吕君，2014. 土地利用变化及生态系统服务价值响应［J］. 财经理论研究（2）.
祝天智，2019. 新时期农民土地承包权公平及其实现路径研究［J］. 学术界（6）.
庄煜，2016. 微商与淘宝电商的比较研究［J］. 轻工科技（4）.
邹宝玲，2014. 农业转移人口市民化背景下农民的退出权问题研究述评［J］. 南方农村（7）.

BASU A K，2002. Oligopsonistic Landlords，Segmented Labour Markets，and the Persistence of Tier — labour Contracts [J]. American Agricultural Economics Association (2).

BROMLEY D W. A Most Difficult Passage，2000：the Economic Transition in Central and Eastern Europe and the Former Soviet Union [J]. EMERGO (3).

Datta A. 2005. Challenge of the slums：global report on human settlements (Book Review) [M]. London England Earthscan Publications：246.

DOUGLAS C M，2000. An Economic Case for Land Reform [J]. Land Use Policy (17).

George S. Tolley，Vinod Thomas，1986. An Overview of Urban Growth：Problems，Policies，and Evaluation [R]. The World Bank：4.

GORTON M，2001. Agricultural land reform in Moldova [J]. Land Use Policy (18).

Gorton M，2001. Agricultural land reform in Moldova [J]. Land Use Policy (3).

Habitat III Secretari，2017. Latin America and The Caribbean—Sustainable Cities with Equality [M]. United Nations.

Jingjing Yuan，Yonglong Lu，Robert C，Ferrier，et al.，2018. Urbanization，rural development and environmental health in China [J]. Environmental Development.

JOSHUA M D，ELEONORA M，2004. Price repression in the Slovak agricultural land market [J]. Land Use Policy (21).

Joshua M，Eleonora M，2004. Price repression in the Slovak agricultural land market [J]. Land Use Policy (6).

Macmillan D C，2000. An economic case for land reform [J]. Land Use Policy，17 (1).

Reorganization，2017. Plan for Urbanization，Migration，and Rural Development [J]. Journal of Chinese Political Science，22 (1).

Tolley G S，Thomas V，1987. An overview of urban growth：problems，policies and evaluation [R]. The Economics of Urbanisation and Urban Policies in Developing Countries，Washington DC：The World Bank：15 - 31.

Yuan J，Lu Y，Ferrier R C，et al.，2018. Urbanization，rural development and environmental health in China [J]. Environmental Development，28.

后　记

POSTSCRIPT

在2023年即将过去、2024年向我们走来之际，正好完成这本专著。在中华民族复兴的进程中，乡村振兴、农业农村现代化和农业强国建设正如火如荼地展开，美丽的农业农村画卷将成为美丽中国建设的重要组成部分。作为农业农村研究学者，我深深喜爱农业农村研究，阅读文献、基层调研和细致撰写，都让我乐在其中。本书总结了21世纪初以来近23年的研究成果，包括对土地经营权流转、土地承包权退出、乡村振兴、城乡融合发展和农业强国建设等思考。在此，感谢国家社会科学基金重点项目的资助，感谢苏北现代化研究基地、江苏省沿海发展研究基地和盐城市数字经济研究院给予的平台支持。也向我博士期间的东北农业大学导师郭翔宇教授和博士后期间的吉林大学衣保中教授致敬，两位导师深厚的学术功底和为人品格，影响了我一生，催我奋进前行，力争在农业农村研究领域为国家做出更多的贡献。此外，对于提供学术研究参考文献的作者以及调研期间给予多方照顾的基层政府致谢。有不足的部分请读者多指正，一起为乡村振兴出谋划策，为农业农村现代化鼓劲加油，为农业强国建设添砖加瓦。

刘吉双

2024年1月14日

图书在版编目（CIP）数据

土地承包权退出与城乡融合发展衔接研究 / 刘吉双，张旭等著. -- 北京 ：中国农业出版社，2024. 7.

ISBN 978-7-109-32138-0

Ⅰ. F321.1；F299.21

中国国家版本馆 CIP 数据核字第 20241W5S19 号

中国农业出版社出版

地址：北京市朝阳区麦子店街 18 号楼

邮编：100125

责任编辑：潘洪洋

版式设计：王　晨　　责任校对：吴丽婷

印刷：北京中兴印刷有限公司

版次：2024 年 7 月第 1 版

印次：2024 年 7 月北京第 1 次印刷

发行：新华书店北京发行所

开本：700mm×1000mm　1/16

印张：11.75

字数：220 千字

定价：98.00 元